黄龙宗公案

Zen Koans of Huanglong Zong

戴逢红　编著

图书在版编目（CIP）数据

黄龙宗公案 / 戴逢红编著 . —南昌：江西人民出版社，2016.7
ISBN 978-7-210-08589-8

Ⅰ.①黄… Ⅱ.①戴… Ⅲ.①黄龙宗—研究 Ⅳ.① B946.5

中国版本图书馆 CIP 数据核字（2016）第 153452 号

黄龙宗公案

戴逢红　编著
选题策划：朱法元　张德意
责任编辑：吴艺文
封面设计：同异文化传媒
出　　版：江西人民出版社
发　　行：各地新华书店
地　　址：江西省南昌市三经路 47 号附 1 号（邮编：330006）
编辑部电话：0791—86898470
发行部电话：0791—86898893
网　　址：www.jxpph.com
2016 年 11 月第 1 版　2016 年 11 月第 1 次印刷
开　　本：880 毫米 ×1230 毫米　1/32
印　　张：11.625
字　　数：250 千
ISBN 978-7-210-08589-8
赣版权登字—01—2016—628
版权所有　侵权必究
定　　价：63.00 元
承 印 厂：长沙超峰印刷有限公司
赣人版图书凡属印刷、装订错误，请随时向承印厂调换

序 一

习近平总书记提出:"佛教产生于古代印度,但传入中国后,经过长期演化,佛教同中国儒家文化和道家文化融合发展,最终形成了具有中国特色的佛教文化,给中国人的宗教信仰、哲学观念、文学艺术、礼仪习俗等留下了深刻影响。"[1]佛教历史悠久、文化灿烂、影响深远,是中华优秀文化不可分割的重要组成部分。在当代文化建设中,佛教更应该勇于担当,努力传承,担负起弘扬中华优秀传统文化的神圣使命,为社会主义文化大发展大繁荣,为增强我国文化软实力贡献力量。

佛教黄龙宗祖庭黄龙寺,位于江西修水,系千年古刹,创于唐,因山名。始建者诲机超慧,青原系高僧,传其降伏吕洞宾,收为侍客童子,由是声名鹊起,于唐末宋初被朝廷三次旌表,故有"三敕崇恩禅院"之称。惜乎五代期间,大寺毁于战火,至治平三年,临济名僧慧南入住,才得以重建,复见巍峨。慧南祖师一身参云门、法眼、曹洞、临济四宗,其在黄龙寺"传石霜之印,行临济之令",设"黄龙三关"而名动天下,声振丛林,终成黄龙一宗。黄龙宗以其博大精深、机警风趣广为信众接纳,深受僧俗喜爱,后传至日本、高丽,在佛教发展史上具有深远

---

[1] 选自2014年8月26日习近平主席在巴黎联合国教科文组织总部的演讲词。

的影响。同时，黄龙宗对中国的思想、文化、艺术也有极为深远的影响，黄龙派高僧、居士中产生了诸多在禅宗史乃至中国文化史上具有重要影响的人物。

今有学人戴逢红，博采古籍、通阅典藏、详究灯谱、钩沉禅林，发旷古之愿心、费非凡之精力、创恢宏之巨构，旁搜远绍，谨严考证，著"黄龙禅宗三书"，对于深入开展佛教文化研究、推动佛教文化交流，绵延中华文明、根植和谐基因、优化价值体系，弘扬宗教优良传统，促进社会和谐发展，都是积极的、健康的、有益的探索。

黄龙宗有言："登山须到顶，入海须到底。登山不到顶，不知宇宙之宽广；入海不到底，不知沧溟之浅深。"佛教文化的生命力在于传承与发扬。我们在佛教文化建设方面应把握这个中心，在传播佛教传统文化精髓的同时更好地服务于当代社会，通过推动契理契机的人间佛教思想的弘扬和开展佛教与社会主义社会相适应的运动，佛教文化会日益凸显其纽带作用，即成为联系社会各界共同为改革开放、社会安定、民族振兴、经济繁荣而做贡献的积极因素。

作为修水人，我乐为之序

张　勇

二〇一六年三月一日

（作者系江西省委统战部副部长、省民族宗教事务局局长）

序二

自世尊拈花，迦叶微笑，阐无三之教，开不二之门，接物利生，悲济无量，声教所被，微尘刹海，至双林入灭，独嘱于饮光，薪火相传，衍西天四七；迨达摩西来，少室面壁，直指人心，见性成佛，屈昫次递，成东土二三。洎曹溪法源，派分两脉，马驹蹴踏、石头路滑，德山棒险、临济喝威，花开而五叶、五家又七宗，纲宗建立，派别衍生，灯灯相续益繁，钵钵相承鼎盛。

黄龙之宗，衍自临济，源出分宁（今修水）。祖庭黄龙禅院，青原超慧所创，寺凡三迁，始于双峰、次于小庄，曰永安、曰于玗。唐宋两朝，尊宠极隆，三承敕封，尊号崇恩。

祖师慧南，童稚弃家，未冠足戒，依智銮、参澄諟、历怀澄、嗣慈明，遍访高僧大德；充首座、掌书记、任住持、接方丈，尽驻名刹古寺。师于黄龙"传石霜之印，行临济之命"，击将颓之法鼓，整已堕之玄纲，创"三关"之旨，奠"话禅"之基，名动天下，声振丛林，法席广大，直追马祖百丈；宗风远播，遍及大江南北，蔚然而成黄龙一宗。

祖师座下，高僧辈出，龙象横陈，神僧名释灵轨芳踪横被天下，微言道韵高论良谟盈于简牍，由是三关之法流布万里，提唱之机风流千年。甫延脉至南宋，无示传坦然，宗风劲吹朝、韩；

及开席于天童,怀敞授荣西,精兰遍立东瀛。

元明以降,密宗独宠,诸佛尽斫,禅宗凭丛林制佑,虽袤而未绝缕。黄龙一脉,亦元气大伤,庙堂颓废,人才凋敝,经籍零落,史实无着。博大精深之名徒留,光辉灿烂之誉虚存,缁素之徒难释其义理,饱参之士不解其智慧。

法鼓无音,钟磬不响,明珠蒙尘,大法湮灭,其缘由甚众、根本非一,然典藏充栋,秘籍汗牛,篇幅浩繁,文字泛滥,乃其病之一。开派千年,法嗣愈万,巍峨文化,零落于方志宗谱语录;三关智慧,散布在灯录诗偈公案;高深学问,闪烁在禅师之擎拳举指、竖拂拈槌、打鼓吹毛、答问吁笑中;传世名篇,淹埋于民间传唱、僧墓石塔、残碑断碣、书札信函里。而从未有条陈宗派、缕析世系、阐述机锋、标榜智慧之文牍面世,以利传唱,方便参学。无怪乎千圣消音、万佛默然也!扪心自问或静而思之,能不怅惘、惭愧抑或汗颜乎?

反观日本,自荣西得法,归国教化,苦修谨行,为众钦仰,感动朝野,被封为僧正、尊为禅祖,以至黄龙于东瀛花繁叶茂,声誉鹊起,寺庙林立,学人如云,且近千年间,学术探讨不断,宗门弘道不辍,黄龙学术因之光大发扬;尤喜近年以来,寺院不昧师承,僧尼谨记祖庭,五次三番,归宗认祖,礼寺拜佛,拳拳之心可圈可点,殷殷之意可赞可叹。

荷如来家业,振禅教雄风,光大教义,弘扬宗经,展千年文化之魅力,耀不朽智慧之光辉,于吾辈而言,委实责无旁贷、确乃义不容辞。故尔后学虽才无一斗、学无半车,且性识愚鲁、资质粗笨、惭于学养、愧于文力,又涉猎不广、搜罗不周、资料不全、侵淫不深,然不揣浅薄于前、无谓贻笑于后,访残简、寻断碣、问耄耋、阅典籍、览方志、究灯谱、博采群籍、广集古今，穷廿年之辑录，历六载之爬梳，吮宗门精髓，吸僧侣智慧，次序其源流，错纵其词句，旁搜远绍，谨严考证，化繁为简，剔芜存精，荟萃成编，积聚成"黄龙禅宗三书"：《黄龙宗简史》《黄龙宗公案》《黄龙宗禅诗》。

　　拙作独阐黄龙、不述他门，乃开单宗编撰之先河；立体构建、分类谋篇，实为禅教成书之首创。然浅见暗识之文，虽锓梓亦难风行，幸吾志在了千年黄龙无专著之遗憾、补禅门独宗无史籍之空白，且集诸师精华于一书，可广其传学、利其流布，兼防岁久湮佚也；另意为抛砖引玉、栽桐招凤，冀博达贤俊、饱学鸿儒、佛门志士、后世学人，操董狐直笔，倾陆海才情，写黄龙史记，著佛国离骚；倘若能于是时，取而补苴罅漏，引之印虚证实，则阿弥陀佛，吾愿得偿矣！

戴逢红
乙未年壬午月于全丰正元亨居

序 三

公案，本义公府之案牍也。以其分辨是非、判别迷情、剖断生死之功能，与禅门感化学人、对机开悟相类，故引而将禅师参禅学道之言辞行为记录在案，亦名之曰公案。禅宗公案始于唐而盛于五代及两宋，以《五灯会元》中一千七百公案最著。而本书不同故往诸卷，独阐黄龙，不述他门，故于此仅汇纂黄龙宗诸禅师机语言行法录是也。

黄龙开派迄今近千年之期，存史大多湮佚或失考，设欲广为搜罗，汇残成卷，较诸人力物力，皆颇为繁难。然幸有幕阜学人戴君逢红，为展黄龙千年文化之魅力，耀宗门不朽智慧之光辉，专意禅宗，潜心故典，虽屡面经籍尘厚，鼓罄音殇之窘境，仍不悔初心，不移矢志，穷廿年之辑录，历六载之爬梳，博考诸家、寄情碑铭、钩沉禅林、搜检典籍，续已有，补缺阙，皓首为经，集腋成裘，终辑成《黄龙宗公案》一书。该书不仅于黄龙，乃至于禅宗而言，均史例无先，实乃首创。更兼对所收法语确定师宗、辨明出处、详加释注等，均极尽秋毫，且蕴藏丰富，堪称鸿构。此殊为功德无量之事，诚可钦可赞可感也！

本卷编涉黄龙僧众一百五十二人，收入公案二百六十则。皆黄龙尊宿提唱之语，丛林道友抵谈之言。诸如应机接物、入道机缘、示众法录等，语言精妙、趣味盎然、极富文采，且大抵隽永警策、发人深省。"生缘、佛手、驴脚"黄龙三关锻尽凡圣，开"话禅"之先河；青原惟信之"见山是山，见水是水；见山不是山，见水不是水；见山只是山，见水只是水"道尽格物之根与途，见地既精且妙，至今仍是唯物主义认识论之圭臬；"设浴供众"则为黄龙女尼智通惟久之法帖，"尽道水能洗垢，焉知水亦是尘。直饶水垢顿除，到此亦须洗却"看似平机，却尤玄奥，亦学人参悟、开塞之通关法偈也。至于"花香是禅、智者一言、非凡非圣、万书非道、山谷挨打、尿臭参禅、斋后游山、带累菩萨、鼠也护法、月印青天、赃在何处"等，亦僧俗传颂、脍炙人口之要典，于此仅廖举其名，其诸多篇什，俟观者于书中自证。诗无达诂，禅无定式，公案本得意忘言之裁，不可义解，一落言诠，便成滞累。正如金山昙颖禅师云："才涉唇吻，便落意思。"是以戴君于诸案机旨不着解析提要，由诸德自见自证自修自悟是也。此书编成，旨意自见，势必能补黄龙无专著之罅缺，于阐发黄龙宗纲，引导佛门后学，裨益无匹也。

是著竣事，将付剞劂，即接戴君电示，嘱为撰序。戴君乃余稔交，不特其年龄稍长，而德识尤甚于余。况乎余一贯安于浅陋，尤于佛门一道，毋窥玄奥，庶几如蒙童未启，何敢置喙篇首。然辞不获命，惟勉力为之，料亦难切中肯綮，好在戴君之构本为博采群籍，谨严考证之作，余文微末，无关宏旨，因谨以琐言成篇。时乙未冬，谨序。

大　枪

（作者系著名诗人、诗评家，《国际汉语诗歌》执行主编，现居北京）

凡例

1. 本书是关于黄龙宗公案的选本，收录152位黄龙禅师、居士的260则公案，按照作者名字、简介、公案、出处、注释的顺序进行编辑；

2. 禅师或居士简介里除注明禅师或居士的籍贯、法号、谥号、生卒年限、住持寺庙外，还写清其俗姓、师承、参游经历、得法悟道机缘、机语机要、圆寂事迹、塔藏地址、法嗣名号等；

3. 为方便读者阅读，对公案中的一些典故、地名、术语、生僻字词等进行了注释；

4. 所录公案均注明出处，便于读者检索；

5. 为了统一体例，所有公案全部采用原文，同时为避免一家之见，所有公案均只注释、不解析、不提示；

6. 本书所选公案，除20则左右较常见外，余皆极少面世；所有公案均以黄龙传灯宗派先后顺序排列；书中纪年，先列中国历史纪年，括号内再注公元纪年，例"唐大中四年（850）"，除此之外，正文中数字一律用汉字；

7. 本书使用过的重要参考书目均附在书后，一来表示对原作者的谢意，二来方便读者查找；

8. 黄龙创寺祖师超慧及其法嗣有近百年的住寺历史，本书虽主述黄龙宗，但考虑历史的连续性及完整性，特将创寺祖师超慧及其徒孙共10人的18则公案附录于后，谨此说明。

Contents

Huinan Pujue 1
    Huinan's Enlightenment in the Scolding 2
    Huanglong's Three Checkpoints 4
    The Old Monk Is Absent 4

Huitang Zuxin 7
    Flower Fragrance Also Embodies Zen 7
    Duofu's Clump of Bamboos 9
    Zuxin Chides the Dog 9
    Post on the Door of Huitang Chamber 11
    No Better than Returning the Hometown 13

Yungai Shouzhi 14
    No-Stringed Tweedle 14
    Lighting up Master's Face with Candles 15
    Go Tea-Picking 16
    Yiyu Heats up Firewood in His Chamber 17

Shishuang Lin 18
    Girl Sculpture Beams by the Brook 18

Sanzu Fazong 20
   A Brick of the Crossing 20

Sizu Fayan 22
   Zen's Form and Essence 22

Wuzu Xiaochang 24
   Delicate Fragrance Is All the Road 24

Zhenjing Kewen 26
   Roads Are Everywhere with Lights in the Water 26
   Waiting Solely for the Echoers 27
   Search in the East, Find in the West 29
   Never Forget Masters' Favor 30
   Prominent Masters' Ideological Debate 31
   The Master's Prophecy 31
   Curtains Roll on and off 32
   Rigid Sarira 32
   The Meaning of the Head Notes 33
   The Wisdom of Aparigraha 34
   How to Set the Ashes? 35
   Mount Hua Is Green in Spring 35
   For Neighbor's Sake 36
   Just Follow the Karma 36

Weisheng Zhenjue 37
   Ferocious Tiger Blocks the Road 37

CONTENTS

Letan Hongying 39
    Copycats 39
    Hoeing Deeply.. 40
    What Is Buddha? 41
    Hongying Strokes His Knees 43

Kaiyuan Ziqi 45
    Focus on the Present, Set Aside the Past........................... 45
    Travelling Far Is No Better than Returning Home 46

Yangshan Xingwei... 47
    Wrong as Soon as Write 47

Longqing Qingxian 49
    Standing in the Snow, Egret's Color Is Different 49
    Magnificent Temple 51

Huanglong Gong 53
    Met the Old Monk 53

Yunju Yuanyou 55
    Yuanyou Declines the Emperor's Notes 55
    Splendid Brilliance Is Revealed 56

Baizhang Yuansu 58
    Add Soil to Earth 58

Dawei Huaixiu 60
    Never Infringe Others' Crops 60

Heshan Depu 61
A Piece of Wise Word 61

Qingyi 63
Where Is the Gatekeeper? 63
The Master's Way 64

Yunfeng Daoyuan 65
The Fox Jumps into the Lion's Pride 65

Zhaojue Changzong 66
Appearing the Bright Moon, Disappearing the Dark Moon
.... 66

Baoning Yuanji 68
Turning Around and Choosing Another Road 68

Huanglong Ziqing 69
Die for One Blame 69

Dawei Yingquan 71
Back to the Pure Land 71

Jiuzongshan Faming 72
Too Mindful to Get It 72

Lianquan Tanxiu 73
Murder Without Swords 73

Huayao Yuangong 74
Buddha Nature Is Accessible to All 74

CONTENTS | 5

Dengyunshan Chaonai 75
    Mind the Step 75

Huangbo Jicui Yong 76
    Bright and Shadow 76

Baoben Huiyuan 77
    Dragon with Snake Tail 77

Letan Shanqing 78
    Four Means for Meditation 78
    Key to Meditation 79
    Caotang Got It 80

Dongpo 82
    How Heavy Is One Scolding? 82

Sixin Wuxin 84
    The One and Only Way 84
    Long and Short as It Is 85
    Two Piles of Cremains 86
    See It While Having Porridge and Rice 86
    Neither Mortal Nor Sage 87

Jiashan Xiaochun 88
    Beast in Three Forms 88

Guishan Xiaojin 89
    Xuyou Washes His Ears 89

Huanglong Ruxiao 91
Adjoin Mount Huanglong and Lake Dongting 91

Lingyuan Weiqing 93
Awaken to Enlightenment While Picking up the Shoes 93
Tons of Books Are Not Buddha Nature 94

Qingyuan Weixin 95
Three Viewpoints on Mountains and Rivers 95

Shangu 96
Erotic Poems and the Hell 96

Baofu Benquan 98
Shangu Got Beat 98

Letan Baofeng Yinggan 100
Look from a Higher Level... 100
It Has No Fixed Form 101
Not Rotten Whether Boiled or Fried 102
With Eyes That Can Recognize Dharma............................. 102

Wanshanyuan Shaoci 104
Dharma Is Silent.. 104
Glorious and Magnificent 104
Should Feel Pain and Itch 106

Yuantong Kexian 107
Riding the Bull yet to Look for It 107

Huili Kechang 108
No Place to Start Is the Perfect Place to Start 108
One Drop of Ink, Two Dragons 109

Bozishan Desong 111
Who Knows Dharma? 111

Hengyuesi Daobian 112
Should Know the Taste 112

Hui'an Huiyuan 113
The Basket of Hui'an 113

Wuxun 117
Meditation Is Silent 117

Huiyuan 118
Chirping Cicada Is Not Chan 118

Doushuai Congyue 119
Awakening for Respect and Reverence 119
Meditate in Urinary Smell 120

Banshan 122
Dharma Successors Are by No Means Rare 122

Huiri Wenya 124
Huiri Talks on the Medicine 124

Fozhao Gao 126
The Cup Falls, the Emptiness Shatters 126

- Dharma Experiences Through Ancient to Present 127
- Buddha from the Pure Land 127
- Impromptu Reactions on Samadhi 128

Zhantang Wenzhun 130
- All Is Ready 130
- Awaken to Enlightenment for Splashing the Wet Clothes 131
- A Good Example for the Following Disciples 131
- Take over the Master's Words 132
- Little Monk Deceives the Elder Monk 133
- Roads Are Everywhere Under Your Nose 133
- Either Spoon or Ladle Is of the Same Effect 134
- The Path to Huanglong Is Slippery 135
- Burning Fire in the Water 135
- Yunju Temple Is on the Mountain, Baofeng Is on the Bottomland 136
- It Turns out Nothing More 136
- It Turns out to Be a Connoisseur 137
- Back to Chamber and Heat up 138

Letan Fushen 139
- Wenzhun Expels the Ghost 139

Wufeng Jingjue Ben 141
- Walking, Standing, Sitting and Lying 141

Haihui Shouzong 142
- Look Towards Sun with Hands over Forehead 142

Baoxiang Yuan 144
Should Listen with Eyes 144

Zilingshan Ziyu 145
Let the Noble Accommodate the Humble 145

Chuandeng Yuanzheng 147
Chaotic with Clouds and Mists 147
Same Ethos Everywhere 148

Dawei Zuchun 150
The Ethos of Weishan 150

Fangguang Youda 151
Don't Give up in Face of Difficulties 151

Baojian Fada 152
Elsewhere Is Here 152

Jianfu Daoying 154
Kick down the Bottle with the Alms Bowl down 154

Sizhou Yongyuan 155
Take the Pottery Urn for the Bronze Bell 155

Longxing Shiding 156
Those Who Meditate Profoundly 156

Qingping Chujin 157
No Need to Take out 157

Fohai Yourui **158**
    Just for Dharma 158

Jiufeng Xiguang **160**
    An Eye for an Eye 160
    Xiguang, No-Scheming Master 161

Huihong Juefan **163**
    Catching Fish and Shrimp on the Ground 163
    Deaf to the Deity's Drumming 164

Shitou Huaizhi **166**
    Sightseeing After Vegetarian Meal 166

Zunsheng Youpeng **168**
    Sun at High Noon 168

Suzhe **170**
    Enlightenment in Serenity 170

Jitang Jingxin **172**
    Old Tunes and Rhythm 172

Guangjian Xingying **173**
    Bosom Friend Is Rare to Meet 173
    Only for This 174

Xiangtian Fanqin **175**
    One Gets Wine, the Other Gets Drunk 175

Search from the Earth to the Heaven 176

Shanglan Xizhao 177
Mad Dog Attacks the Stone 177

Dongshan Fanyan 178
Cut the Flesh to Cure the Sore............................ 178

Baizao Qingyan 179
Don't Know Good or Bad................................... 179

Falun Qitian 180
What I Just Said? 180

Wanshou Nian 181
Butcher's Chopping Board 181
Moonlight Illuminates Cangzhou 182

Huiming Yun 184
Stick with Bloodstain 184

Guyin Jingxian 185
Harp on the Same Old String 185

Yangshan Qingjian 187
Magnanimous Mind, Clear Conscience............... 187

Anhua Wenyi 189
Here Is the Pure Land...................................... 189

Dawei Qixun 191
The Unawaken 191

Longwangshan Shansui 193
Crystal Palace 193

Kongshi Zhitong 194
Five Houses of Chinese Chan 194
Set up the Bathhouse for the Public 195

Falun Yingduan.. 197
Implicating the Bodhisattva 197
Travelling the Earthly World with Straw Sandals and Bamboo Stick 199

Changling Shouzhuo... 200
Man Is Equal Without Opinions, Water Is Still Without Ripples 200

Liangshan Huan 202
Diamond Cuts Diamond 202

Yingchen Daowan 203
Far Beyond Measurement 203

Jingde Huichang 205
Compromised Thoughts out of Inferiority 205

Fushan Dexuan 207
Everlasting like the Heaven and the Earth 207

Xuedou Chi 208
Review at Late Night 208

Jiuxian Zujian 209
Clear and Serenity 209

Foxin Bencai 211
The Land Is like the Dust in the Universe 211
Great Awakening, Great Ease 212

Huanglong Daozhen 214
Bright Moon Hung in the Sky 214

Sizu Zhongxuan 216
Mouse Also Protects Dharma 216

Tiantong Pujiao 218
Do You Know Dharma? 218

Yuantong Daomin 220
Cloudy in Southern Mount, Rainy in Northern 220

Erling Zhihe 222
Bright Moon in the Blue Sky 222
How High Is the Taibai Peak? 223

Wujin 224
Where Is the Pilferage? 224

    The Evergreen Buddha's Eyes 226

    Bestow Both Matters and Dharma 228

Doushuai Huizhao... 229

    No Need to Exclaim.. 229

    With Pain, Without Gains 230

    Boating in the Dry Land 231

    Relative Truth Spreads 232

Yuanzhou Ziyuan 233

    Enrich Experience in Comparison 233

    No Different Path to Yangqi 233

Cishi Ruixian 234

    Too Much to Return the Favor... 234

Xishu Luan 236

    Yesterday Was Rainy, Today Is Sunny 236

Yunyan Tianyou 238

    Add Frost to Snow 238

Zhongyan Yunneng 239

    Only If It Can Kill 239

    Be Quiet, Monk 240

Xinxiang Zongxian 241

    Nail the Heel 241

  White Cloud Gate 242

Dengjue Puming 243
  Pure Wind, Bright Moon 243
  Bare and Naked 244
  Call a Spade a Spade 244
  Nothing Can be Hided from Monk's Eye 245
  Release Is the Best Relief.. 246

Huangzhou Dongchan Weizi 247
  Kill the Living, Save the Dead 247

Qianming Puchu 248
  Sweet Water, Sweet Spring 248

Quanzhou Qianfeng Yuanhui 249
  Disciples of Monk Hall 249
  Birds Chirp in Serenity 249

Huili Dongyuan 251
  A Drop from Cao Stream 251

Fusheng Changji 252
  Achieve the Essence or Form 252

Huazang Haiping 254
  Pleasure in Sufferings... 254

Hongzhou Daning Wenguang 255
  See as soon as Step into the Door 255

JunShan Chongsheng Pujing 256
- The Realm of Junshan 256
- Speak No Words 257

Tanzhou Daowushan Chufang 258
- Comprehend Others by One Analogy 258
- Back to Chamber and Have Tea 258

Chengtianyuan Zixian 259
- Millions of Mountains 259
- The Present Things, the Present Karma 259

Chengtian Huilian 260
- Without the Same Wind After All 260
- The Mass Fend Buddhist, Buddhist Enlighten the Mass 260
- Test out Prominent Monks in the Bustling World 261

Dingxiangshan Weide 262
- Where Falls the Petal-Flakes? 262
- Discuss the Unique Dharma 262

Caoyiyan Zhiping Qingshi 263
- Water-Horse Gallops in the Wind 263
- Cool Breeze, Bright Moonlight 263

Longya Zongmi 265
- Deviated from Dharma Already 265

CONTENTS | 17

Xinghua Kedou **266**
    A Lonely-Danced Crane in Emptiness 266

Liaowei Fori **267**
    The Moon Shines Millions of Mountains 267

Mingzhao Wenhui **268**
    Southern Tiantai and Northern Wutai 268

Fanchong **269**
    How Is It Distant? 269

Wu Juhou **270**
    Pass Leisurely as Waving a Fan 270

Peng Rulin **272**
    Which Is the Scripture? 272

Luhang **274**
    Dharma Is One and Only 274

Doukuang **275**
    Griddle Is Made of Iron 275

Jingshan Zhice **277**
    Meet It, Miss It 277
    Without Any Evidence 278

Gushan Zuzhen **280**
    Non-Congenial Friends Speak No Words 280

  Sounds and Words 281

  Peach Blossom Is Red, Apricot Flower Is White 281

  Emptiness Is Easier for Enlightenment 281

Huzhou Daochang Liangfan 283

  Seen Everywhere 283

  Shoulder the Scripture 284

  Finish Converting a Person 284

Puxian Yuansu 285

  Eternal Virtue 285

  Iron Flag, Iron Drum 286

  The Alcoholic Pity the Drunk 287

  Tap the Empty, Making a Sound 287

  As the Beads Scrolling in the Plate 288

Jinsheng Wen 289

  Huanghe Is Curly 289

Shita Xuanmi Li 290

  Long Pavilion Under the Cold Moon 290

  Lead Donkey onto the Seat 290

Dongshan Ji 292

  Stool Pigeon 292

Ruiyan Jingmeng 293

  Still Know Yongjia? 293

Xue'an Congjin 295
Mustn't Be Careless 295
Abandon Toad Buddhism 296

Huiji Chaohui 298
Dharma Has No Difference 299
Don't Illustrate Recklessly 300
King's Sword 300
The Dress Is Burnt, the Aroma Is Still Here 301
Trapped in the False Alarm Again 301
Clear Only After the Thread Broken 302

Dongbin Lvyan 303
Dongbin's Enlightment 303

Huanglong Jida 306
With the Trace of Leaving, Without the Trace of Returning 306

Huanglong Zhiyong 307
The Ethos of Huanglong 307

Meizhou Changfu Da 308
Rare to Meet 308

Luojing Zigai Shanzhao 309
Die as soon as Be Born 309

Zaoshu 310
Where Does It Lead? 310

  Disappointed Old Monk 310

  Old Monk Doesn't Know You 311

  Just Deceive Yourself 311

Xuandu Shancheng 312

  All Is No Better 312

Jianzhou Heishui 313

  Ferocious and Fierce 313

Monk Huanglong II 314

  The Person in Penetralum 314

Bibliographies 315

Postscript 319

目录

慧南普觉祖师 …… 1
慧南挨骂 …… 2
黄龙三关 …… 4
老僧不在 …… 4

晦堂祖心禅师 …… 7
花香是禅 …… 7
多福一丛竹 …… 9
祖心斥狗 …… 9
晦堂榜门 …… 11
不如归乡好 …… 13

云盖守智禅师 …… 14
无弦琴音 …… 14
洞烛其面 …… 15
摘茶去 …… 16
倚遇烟房 …… 17

石霜琳禅师 …… 18
石女溪边笑 …… 18

三祖法宗禅师 · 20
  十字街头一片砖 · · · · · · · · · · · · · · · · 20

四祖法演禅师 · 22
  心相心体 · 22

五祖晓常禅师 · 24
  清香满路 · 24

真净克文禅师 · 26
  清波无透路 · 26
  专候乐官 · 27
  东司向西 · 29
  师恩难忘 · 30
  作家法战 · 31
  预见之言 · 31
  帘卷帘舒 · 32
  舍利坚刚 · 32
  眉批何义 · 33
  不动智 · 34
  灰烬何置 · 35
  春日华山青 · 35
  念汝做街坊 · 36
  随缘事事了 · 36

惟胜真觉禅师 · 37
  猛虎当路坐 · 37

泐潭洪英禅师 ······ 39
　　私盐贩子 ······ 39
　　深着锄头 ······ 40
　　如何是佛 ······ 41
　　洪英掏膝 ······ 43

开元子琦禅师 ······ 45
　　久远时事不理 ······ 45
　　作客不如归家 ······ 46

仰山行伟禅师 ······ 47
　　下笔便错 ······ 47

隆庆庆闲禅师 ······ 49
　　鹭鸶立雪非同色 ······ 49
　　好僧堂 ······ 51

黄龙恭首座 ······ 53
　　也道见老僧 ······ 53

云居元祐禅师 ······ 55
　　元祐辞牒 ······ 55
　　文彩已彰 ······ 56

百丈元肃禅师 ······ 58
　　土上加泥 ······ 58

大沩怀秀禅师 ······ 60
　　不得犯人苗稼 ······ 60

禾山德普禅师 ······ **61**
  智者一言 ······ 61

清逸居士 ······ **63**
  安有关吏 ······ 63
  为师之道 ······ 64

云峰道圆禅师 ······ **65**
  野狐跳入金毛队 ······ 65

照觉常总禅师 ······ **66**
  白月现黑月隐 ······ 66

保宁圆玑禅师 ······ **68**
  转身一路 ······ 68

黄龙自庆禅师 ······ **69**
  一诟而卒 ······ 69

大沩颖诠禅师 ······ **71**
  归去西天 ······ 71

九嶷山法明禅师 ······ **72**
  用力者失 ······ 72

廉泉昙秀禅师 ······ **73**
  杀人不用刀 ······ 73

花药元恭禅师 ······ **74**
  一任众人观 ······ 74

登云山超乃禅师 75
看脚下 75

黄檗积翠永庵主 76
明暗相参 76

报本慧元禅师 77
龙头蛇尾 77

泐潭善清禅师 78
悟禅四器 78
参禅秘诀 79
草堂得也 80

东坡居士 82
一喝多重 82

死心悟新禅师 84
不二法门（触背关） 84
长底自长，短底自短 85
两堆灰 86
吃粥吃饭处见 86
非凡非圣 87

夹山晓纯禅师 88
三兽形 88

龟山晓津禅师 89
许由洗耳 89

黄龙如晓禅师 · **91**
　　山连幕阜、水泻洞庭 · 91

灵源惟清禅师 · **93**
　　拾鞋悟道 · 93
　　万书非道 · 94

青原惟信禅师 · **95**
　　山水三境界 · 95

山谷居士 · **96**
　　艳词泥犁 · 96

保福本权禅师 · **98**
　　山谷挨打 · 98

泐潭宝峰应干禅师 · **100**
　　更须高着眼 · 100
　　渠无面目 · 101
　　煮炸不烂 · 102
　　须是具眼 · 102

万杉院绍慈禅师 · **104**
　　法传无声 · 104
　　特地光辉 · 104
　　须知痛痒 · 106

圆通可仙禅师 · **107**
　　骑牛觅牛 · 107

慧力可昌禅师 · **108**
　　无下手处着力 · 108
　　一点水墨两处成龙 · · · · · · · · · · · · · · · · · · · 109

柏子山德嵩禅师 · **111**
　　知心有几人 · 111

衡岳寺道辩禅师 · **112**
　　须知滋味 · 112

慧安慧渊禅师 · **113**
　　慧安栲栳 · 113

秘书吴恂 · **117**
　　禅悟无语 · 117

慧圆上座 · **118**
　　鸣蝉非禅 · 118

兜率从悦禅师 · **119**
　　恭谨得传 · 119
　　尿臭参禅 · 120

半山居士 · **122**
　　后世有人 · 122

慧日文雅禅师 · **124**
　　慧日论药 · 124

佛照杲禅师 · **126**
　　茶杯落地、虚空粉碎 · · · · · · · · · · · · · · · · · · 126

周秦汉魏 ·············· 127
　　西天佛子 ·············· 127
　　应机三昧 ·············· 128

湛堂文准禅师 ·············· **130**
　　一切现成 ·············· 130
　　溅水悟道 ·············· 131
　　后昆良范 ·············· 131
　　话堕阿师 ·············· 132
　　阇梨谩老僧 ·············· 133
　　目前有路 ·············· 133
　　东家杓柄长，西家杓柄短 ·············· 134
　　黄龙路滑 ·············· 135
　　水里火发 ·············· 135
　　云居高、宝峰低 ·············· 136
　　元来无事 ·············· 136
　　元来是作家 ·············· 137
　　归堂向火 ·············· 138

泐潭福深禅师 ·············· **139**
　　文准驱鬼 ·············· 139

五峰净觉本禅师 ·············· **141**
　　行住坐卧 ·············· 141

海会守纵禅师 ·············· **142**
　　斫额望扶桑 ·············· 142

宝相元禅师 ······ 144
应须用眼听 ······ 144

子陵山自瑜禅师 ······ 145
降尊就卑 ······ 145

传灯元正禅师 ······ 147
烟云雾锁 ······ 147
千里同风 ······ 148

大沩祖璿禅师 ······ 150
沩山家风 ······ 150

方广有达禅师 ······ 151
放过即不可 ······ 151

宝鉴法达禅师 ······ 152
别处即得 ······ 152

荐福道英禅师 ······ 154
趯倒瓶拽转钵 ······ 154

泗洲用元禅师 ······ 155
唤钟作瓮 ······ 155

龙兴师定禅师 ······ 156
境中人 ······ 156

清平楚金禅师 ······ 157
不消拈出 ······ 157

佛海有瑞禅师 ... **158**
 为佛法来 ... 158

九峰希广禅师 ... **160**
 他打尔也打 ... 160
 广无心 ... 161

慧洪觉范禅师 ... **163**
 平地捞鱼虾 ... 163
 天鼓希声 ... 164

石头怀志庵主 ... **166**
 斋后游山 ... 166

尊胜有朋讲师 ... **168**
 日轮正午 ... 168

苏辙居士 ... **170**
 无语悟道 ... 170

寄堂景新禅师 ... **172**
 古曲音韵 ... 172

广鉴行瑛禅师 ... **173**
 罕遇知音 ... 173
 只为如此 ... 174

象田梵卿禅师 ... **175**
 张公吃酒李公醉 ... 175

掘地觅天 ………………………………………… 176

上蓝希肇禅师 ……………………………………… 177
　　狂狗趁块 ………………………………………… 177

洞山梵言禅师 ……………………………………… 178
　　剜肉作疮 ………………………………………… 178

白藻清俨禅师 ……………………………………… 179
　　不识好恶 ………………………………………… 179

法轮齐添禅师 ……………………………………… 180
　　还我话头 ………………………………………… 180

万寿念禅师 ………………………………………… 181
　　猪肉案头 ………………………………………… 181
　　明月印沧洲 ……………………………………… 182

慧明云禅师 ………………………………………… 184
　　棒头见血 ………………………………………… 184

谷隐静显禅师 ……………………………………… 185
　　重叠关山路 ……………………………………… 185

仰山清蔚禅师 ……………………………………… 187
　　心不负人 ………………………………………… 187

安化闻一禅师 ……………………………………… 189
　　西天此土 ………………………………………… 189

大沩齐恂禅师 ································ **191**
　　草里汉 ································ 191

龙王山善随禅师 ····························· **193**
　　水晶宫殿 ······························· 193

空室智通道人 ································ **194**
　　一华五叶 ······························· 194
　　设浴供众 ······························· 195

法轮应端禅师 ································ **197**
　　带累菩萨 ······························· 197
　　芒鞋竹杖走红尘 ······················· 199

长灵守卓禅师 ································ **200**
　　人平不语，水平不流 ················· 200

梁山欢禅师 ··································· **202**
　　一重山后一重人 ······················· 202

应城道完禅师 ································ **203**
　　斗量不尽 ······························· 203

景德慧昌禅师 ································ **205**
　　自生退屈 ······························· 205

浮山德宣禅师 ································ **207**
　　天长地久 ······························· 207

雪窦持禅师 ·············· **208**
更待夜深看 ············ 208

九仙祖鉴禅师 ············ **209**
惺惺寂寂 ·············· 209

佛心本才禅师 ············ **211**
大地微尘 ·············· 211
大彻自在 ·············· 212

黄龙道震禅师 ············ **214**
明月挂空 ·············· 214

四祖仲宣禅师 ············ **216**
鼠也护法 ·············· 216

天童普交禅师 ············ **218**
汝会佛法邪 ············· 218

圆通道旻禅师 ············ **220**
南山云北山雨 ············ 220

二灵知和庵主 ············ **222**
月印青天 ·············· 222
太白峰多高 ············· 223

无尽居士 ··············· **224**
赃在甚处 ·············· 224

- 金刚眼睛 …………………………………… 226
- 财法二施 …………………………………… 228

兜率慧照禅师 ……………………………… 229
- 无须惊叹 …………………………………… 229
- 劳而无功 …………………………………… 230
- 干地划船 …………………………………… 231
- 世谛流布 …………………………………… 232

袁州子圆禅师 ……………………………… 233
- 比为请益 …………………………………… 233
- 杨岐无异路 ………………………………… 233

慈氏瑞仙禅师 ……………………………… 234
- 恩大难酬 …………………………………… 234

西蜀銮法师 ………………………………… 236
- 昨日雨、今日晴 …………………………… 236

云岩天游禅师 ……………………………… 238
- 雪上加霜 …………………………………… 238

中岩蕴能禅师 ……………………………… 239
- 杀得人即休 ………………………………… 239
- 和尚低声 …………………………………… 240

信相宗显禅师 ……………………………… 241
- 钉杀脚跟 …………………………………… 241

白云关 …………………………………………… 242

等觉普明禅师 …………………………………… 243
　　风清月白 ………………………………………… 243
　　露裸裸、赤洒洒 ………………………………… 244
　　当头道着 ………………………………………… 244
　　衲子难瞒 ………………………………………… 245
　　卸却方为妙 ……………………………………… 246

黄州东禅惟资禅师 ……………………………… 247
　　能杀能活 ………………………………………… 247

乾明普初禅师 …………………………………… 248
　　醴泉甘露 ………………………………………… 248

泉州乾峰圆慧禅师 ……………………………… 249
　　云堂之徒 ………………………………………… 249
　　幽鸟关关 ………………………………………… 249

慧力洞源禅师 …………………………………… 251
　　曹溪一滴 ………………………………………… 251

福圣常极禅师 …………………………………… 252
　　得髓得皮 ………………………………………… 252

华藏海评禅师 …………………………………… 254
　　苦中有乐 ………………………………………… 254

洪州大宁文广禅师 ……………………………… 255
　　入门便见 ………………………………………… 255

君山崇胜普净禅师 ······ **256**
　君山境 ······ 256
　不措一言 ······ 257

潭州道吾山楚方禅师 ······ **258**
　点一知二 ······ 258
　归堂吃茶 ······ 258

承天院自贤禅师 ······ **259**
　千山万山 ······ 259
　目前事、目前机 ······ 259

承天慧连禅师 ······ **260**
　终无两样风 ······ 260
　人养僧、僧养人 ······ 260
　闹市取古佛 ······ 261

定香山惟德禅师 ······ **262**
　花雨何坠 ······ 262
　纷谈不二 ······ 262

草衣岩治平庆时禅师 ······ **263**
　水马嘶风 ······ 263
　清风月下 ······ 263

龙牙宗密禅师 ······ **265**
　早落第二 ······ 265

兴化可都禅师 ·· **266**
　　只鹤舞清虚 ··· 266

了威佛日禅师 ·· **267**
　　千山万山月 ··· 267

明招文慧禅师 ·· **268**
　　南天台北五台 ······································ 268

范冲居士 ··· **269**
　　何远之有 ··· 269

吴居厚居士 ··· **270**
　　挥扇透关 ··· 270

彭汝霖居士 ··· **272**
　　哪个是经 ··· 272

卢航居士 ··· **274**
　　佛法无多子 ··· 274

都觊居士 ··· **275**
　　铠是铁铸 ··· 275

径山智策禅师 ·· **277**
　　当面蹉过 ··· 277
　　全无把柄 ··· 278

鼓山祖珍禅师 ·· **280**
　　不是知音话不成 ·································· 280

声色言语 ·············· 281
　　桃红李白 ·············· 281
　　无心道易 ·············· 281

湖州道场良范禅师 ·············· **283**
　　触处成现 ·············· 283
　　担取诗书 ·············· 284
　　度人已毕 ·············· 284

普贤元素禅师 ·············· **285**
　　万古徽猷 ·············· 285
　　铁旗铁鼓 ·············· 286
　　贪杯惜醉人 ·············· 287
　　敲空作响 ·············· 287
　　如珠走盘 ·············· 288

金绳文禅师 ·············· **289**
　　黄河九曲 ·············· 289

石塔宣秘礼禅师 ·············· **290**
　　长亭凉夜月 ·············· 290
　　牵驴上法座 ·············· 290

东山吉禅师 ·············· **292**
　　家　贼 ·············· 292

瑞岩景蒙禅师 ·············· **293**
　　还识永嘉否 ·············· 293

雪庵从瑾禅师 ·········· **295**
  不得草草 ·········· 295
  踏杀死虾蟆 ·········· 296

诲机超慧禅师 ·········· **298**
  佛法无别 ·········· 299
  莫错举似 ·········· 300
  君王之剑 ·········· 300
  火烧裙带香 ·········· 301
  再坐盘中弓落盏 ·········· 301
  线绽方知 ·········· 302

洞宾吕岩真人 ·········· **303**
  洞宾开悟 ·········· 303

黄龙继达禅师 ·········· **306**
  针去线不回 ·········· 306

黄龙智颙禅师 ·········· **307**
  黄龙家风 ·········· 307

眉州昌福达和尚 ·········· **308**
  难逢难遇 ·········· 308

洛京紫盖善沼禅师 ·········· **309**
  才生便死 ·········· 309

枣树和尚 ·········· **310**
  落在甚处 ·········· 310

    孤负老僧 ·················· 310
    老僧不识子 ················ 311
    正是自谩 ·················· 311

玄都山澄和尚 ················ 312
    一切不如 ·················· 312

嘉州黑水和尚 ················ 313
    猛 烈 ···················· 313

黄龙第二世和尚 ··············· 314
    密室中人 ·················· 314

参考书目 ···················· 315

后 记 ······················ 319

慧南普觉祖师

【禅师简介】

　　隆兴府（南昌）慧南禅师（1002—1069），石霜楚圆禅师之法嗣，禅宗黄龙派之祖。宋代信州玉山（今江西玉山）人，俗姓章，十一岁出家，初从州怀玉寺（一说定水院）智銮禅师，十九岁在怀玉寺受具足戒。二十三岁参庐山归宗寺自宝禅师，半年后又到栖贤寺参澄諟禅师三年，后往靖安县泐潭寺依云门四世宗匠怀澄禅师，再往南岳衡山谒福严寺智贤禅师，最后于石霜山承法于临济传人慈明楚圆禅师。得法后祖师先后住持了同安崇胜寺、庐山归宗寺、黄檗光孝寺、积翠寺等，治平三年住黄龙山崇恩禅院，"传石霜之印，行临济之令"，设"黄龙三关"接世度人，法席鼎盛，宗风大振，蔚然而成黄龙一派。祖师于宋熙宁二年入寂，世寿六十八，谥号"普觉禅师"，嗣法弟子八十三人，有黄龙祖心禅师、泐潭克文禅师、泐潭洪英禅师、仰山行伟禅师、隆庆庆闲禅师、云盖守智禅师、玄沙合文禅师、黄檗惟胜禅师、百丈元肃禅师、大沩怀秀禅师、石霜琳禅师、开元子琦禅师、上蓝顺禅师、三祖法宗禅师、四祖法演禅师、五祖晓常禅师、云居元祐禅师、归宗志芝庵主等。遗有《黄龙南禅师语录》及续补各一卷、《黄龙南禅师书尺集》一卷等行于世。

慧南挨骂

及澄①移居泐潭②，公③又与俱，澄使分座接纳矣。而南昌文悦④见之，每归卧叹曰："南有道之器也，惜未受本色钳锤耳。"会同游西山，夜语及云门法道，悦曰："澄公虽云门之后，然法道异耳！"公问所以异，悦曰："云门，如九转丹砂，点铁作金。澄公药汞银，徒可玩，入煅即流去。"公怒以枕投之，明日悦谢过，又曰："云门气宇如玉，甘死语下乎？澄公有法授人，死语也！死语其能活人哉？"即背去，公挽之曰："即如是，谁可汝意者？"悦曰："石霜楚圆⑤手段出诸方，子欲见之，不宜后也。"公默计之曰："此行脚大事也。悦师翠岩，而使我见石霜，见之有得于悦何有哉？"即日办装，中途闻慈明不事事，慢侮少丛林，乃悔，欲无行，留萍乡累日。结伴自攸县登衡岳，寓止福严。老宿号贤叉手者，大阳明安之嗣，命公掌书记。泐潭法侣闻公不入石霜，遣使来讯。俄贤卒，郡以慈明领福严，公心喜之且欲观其人以验悦之言。慈明既至，公望见之心容俱肃，闻其论多贬剥诸方，而件件数以为邪解者，皆泐潭密付旨诀。气索而归念悦平日之语，幡然改曰："大丈夫心膂之间，其可自为疑碍乎？"趋诣慈明之室曰："惠南以阇短，望道未见，比闻夜参，如迷行得指南之车，然惟大慈，更施法施，使尽余疑。"慈明笑曰："书记已领徒游方，名闻丛林，借有疑不以衰陋鄙弃，坐而商略，顾不可哉？"呼侍者进榻且使坐，公固辞哀恳愈切，慈明曰："书记学云门禅，必善其旨，如曰放洞山三顿棒，洞山于时应打不应打？"公曰："应打。"慈明色庄而言："闻三顿棒声便是吃棒，则汝自旦及暮，闻鸦鸣鹊噪、钟鱼鼓板之声，亦应吃棒，吃棒何时当已哉？"公瞠而却。慈明云："吾始疑不堪汝师，今可矣！"即使拜。公拜起，慈明理前语曰："脱如汝会云门意旨，则赵州尝言：台山婆子⑥被我勘破。试指其可勘处？"公面热汗下不知答，趋出。明日诣之，又遭诟骂。公惭见左右即曰："政以未解求决耳，骂岂慈悲法施之式？"慈明笑曰："是骂耶？"公于是默悟其旨，失声曰："泐潭果是死语！"献偈曰："杰出丛林是赵州⑦，老婆勘处没来由。而今四海清如镜，行人莫以路为仇。"慈明以手点"没"字顾公，公即易之，而心服其妙密。留月余辞去，时年三十五。

——《禅林僧宝传》卷第二十二

【注释】

①澄：怀澄禅师，慧南祖师的第四个师傅。

②泐潭：泐潭寺。泐潭寺始建于唐，初为马祖道场，在江西靖安县。初名"泐潭寺"，后称"法林寺"，唐大中四年（850）宣宗赐"宝峰"匾额，乃易名"宝峰寺"，沿用至今，因寺筑于石门山境内，故有"石门古刹"之称。

③公：这里指慧南禅师。

④南昌文悦：云峰文悦禅师（998—1062），宋代临济宗僧。江西南昌人，俗姓徐。七岁时剃发于龙兴寺，十九岁游历诸方。参谒筠州大愚守芝，开悟后承其法，并随侍守芝八年。守芝入寂后，师再游方，参谒同安院慧南，为首座。历住翠岩寺、南岳法轮寺等，后又住南岳云峰，故又称云峰文悦。嘉祐七年示寂，世寿六十五。有语录两卷行世。

⑤石霜楚圆：这里指在石霜山修行的慧南师傅慈明楚圆禅师。石霜：即石霜山，又名霜华山。位于湖南浏阳县城东金刚乡境内，因山峻水激触石似喷霜而名。自盛唐时敕建佛寺而远近闻名，山上有石霜寺，距市区35公里。

⑥台山婆子：禅宗公案。有僧游五台，问一婆子曰："台山路向甚么处去？"婆曰："蓦直去。"僧便去。婆曰："好个师僧又恁么去。"后有僧举似师（赵州丛谂禅师），师曰："待我去勘过。"明日，师便去问："台山路向甚么处去？"婆曰："蓦直去。"师便去。婆曰："好个师僧又恁么去。"师归院谓僧曰："台山婆子为汝勘破了也。"

⑦赵州：赵州从谂禅师（778—897），南泉普愿禅师之法嗣，俗姓郝，曹州（治所在今山东菏泽）郝乡人。

黄龙三关

室中举手问僧："我手何似佛手？"垂足曰："我脚何似驴脚？""人人尽有生缘，上座生缘在何处？"学者莫有契其旨，丛林目之为"黄龙三关"。脱①有酬者，师未尝可否，人莫涯其意。有问其故，师曰："已过关者，掉臂径去，安知有关吏？从吏问可否，此未透关者也。"

——《嘉泰普灯录》卷三

【注释】

①脱：设或，假使。

老僧不在

师乃领解，往见黄龙①不契，却曰："我有好处，这老汉不识我。"遂往香城见顺和尚。

顺问："甚处来？"

师曰："黄龙来。"

曰："黄龙近日有何言句？"

师曰："黄龙近日，州府委请黄檗②长老。龙垂语云：'钟楼上念赞，床脚下种菜。有人下得语契，便往住持。'胜上座云：'猛虎当路坐。'龙遂令去住黄檗。"

顺不觉云："胜首座只下得一转语，便得黄檗住，佛法未梦见在。"

师于言下大悟。方知黄龙用处，遂回见黄龙。

龙问："甚处来？"

师曰："特来礼拜和尚。"

龙曰："恰值老僧不在。"

师曰："向甚么处去？"

龙曰："天台③普请④，南岳⑤云游⑥。"

师曰："恁么则学人得自在去也。"

龙曰："脚下鞋甚处得来？"

师曰："庐山七百五十文唱来。"

龙曰："何曾得自在？"

师指鞋曰："何尝不自在？"

龙骇之。

——《五灯会元》卷第十七

【注释】

①黄龙：这里指黄龙祖师慧南。

②黄檗：古寺名。黄檗古寺始建于唐代，明中叶被毁。崇祯二年（1629），有僧人重建；清光绪庚子又毁于火，仅存旁殿和观音阁。"文化大革命"时期，古寺建筑毁坏大半；二十世纪八十年代的一次筹款修路过程中，古寺所有的地面建筑全部拆除。当年黄檗古寺的遗存中，在一块残砖上还刻有"鹫峰"二字。

③天台：指五台山，位于山西省忻州市五台县境内，位列中国佛教四大名山之首。传说系文殊菩萨道场。

④普请：于禅林从事作务劳役时，普请大众，上下合力，称为普请。今俗称出坡。

⑤南岳：又名衡山、寿岳、南山、霍山、衡霍，是中国五岳之一，位于湖南省衡阳市南岳区，海拔一千三百米，是著名的道、佛圣地，环山有寺、庙、庵、观两百多处。唐玄宗先天二年，怀让禅师移驾南岳衡山般若寺，弘扬佛法，开创了南岳一系，世称南岳怀让。

⑥云游：指僧人至诸方参学行脚，有如浮云随风飘游，不定止于一处。

晦堂祖心禅师

【禅师简介】

洪州黄龙晦堂宝觉祖心禅师（1025—1100），黄龙慧南禅师之法嗣。广东始兴人，俗姓邬，号晦堂。年十九依龙山寺惠全出家，翌年试经得度，住受业院奉持戒律。后入丛林谒云峰文悦，居三年，又参黄檗山慧南，亦侍四年。机缘未发，遂辞慧南，返文悦处。时文悦示寂，乃依石霜楚圆。一日阅《传灯录》，读多福禅师至"多福一丛竹"语处而大悟。后随慧南移黄龙山，慧南示寂后，继黄龙之席，居十二年。其间，因师性率真，不喜事务，故曾五度离席闲居。其后入京，驸马都尉王诜尽礼迎之，然师仅庵居于国门之外。元符三年十一月十六日示寂，年七十六，谥号"宝觉禅师"。葬于南公塔之东，号称"双塔"。法嗣有黄龙悟新、黄龙惟清、泐潭善清等四十七人，诗人黄庭坚亦曾就师受法。师之遗著有《宝觉祖心禅师语录》一卷、《冥枢会要》三卷等。

花香是禅

（山谷居士[①]）往依晦堂，乞指径捷处。堂曰："只如仲尼道，二三子以我为隐乎？吾无隐乎尔者。太史居常如何理论？"

公拟对，堂曰："不是！不是！"

公迷闷不已。一日侍堂山行次，时岩桂盛放，堂曰："闻木犀华②香么？"

公曰："闻。"

堂曰："吾无隐乎尔。"

公释然，即拜之。曰："和尚得恁么③老婆心切④。"

堂笑曰："只要公到家⑤耳。"

——《五灯会元》卷第十七

【注释】

①山谷居士：太史山谷居士黄庭坚，黄龙祖心禅师之在家得法弟子，字鲁直，洪州分宁（今江西修水）人。

②木犀华：既桂花，又名岩桂，系木犀科常绿灌木或小乔木，质坚皮薄，叶长椭圆形面端尖，对生，经冬不凋。花生叶腋间，花冠合瓣四裂，形小，其园艺品种繁多，最具代表性的有金桂、银桂、丹桂、月桂等。

③恁么：（1）这样，如此；（2）怎么样，什么。

④老婆心切：是指苦口叮咛，在这里用作褒义。禅宗提倡"直指人心"，反对拖泥带水絮絮叨叨，因此称像老太婆那样爱絮叨者为"老婆心"或"老婆禅"。

⑤到家：指在学识和工作上有相当造诣与水平。这里的意思是在修行上开悟洞达、明心见性。

多福一丛竹

祖心禅师谒云峰悦禅师，留止三年，苦其孤硬告悦将去。悦云："必往依黄檗南公①。"师至黄檗四年，知有而机不发。又辞而上云峰，会悦殁，因就止石霜②无所参决。试阅《传灯》③，至"僧问多福禅师：如何是多福一丛竹？多福云：一茎两茎斜。僧云：不会。多福云：三茎四茎曲。"此时顿觉亲见二师，径归黄檗，方展坐具，南笑云："子入吾室矣。"师亦踊跃自喜，即应曰："大事本来如是，和尚何用教人看话下语，百计搜寻。"南云："若不令汝如此究寻，到无用心处自见自肯，吾即埋没汝也。"

——《续传灯录》卷第十五

【注释】

①黄檗南公：既黄龙祖师慧南禅师，其时师在黄檗山积翠寺。

②石霜：指石霜寺的慈明楚圆禅师。

③《传灯》：指宋真宗年间释道原所撰之禅宗灯史《景德传灯录》。

祖心斥狗

转运判官夏倚公立①，雅意禅学。见杨杰次公②而叹曰："吾至江西恨不识南公③。"

次公云："有心上座④在章江，公⑤能自屈，不待见南⑥也。"

公立见师⑦剧谈神思倾豁，至论《肇论》会万物为自己者，及情与无情共一体。时有狗卧香卓下，师⑧以压尺击狗，又击香卓曰："狗有情即去，香卓无情自住，情与无情安得成一体？"

公立不能对。师⑨曰："才入思惟便成剩法，何曾会万物为自己哉？"

——《续传灯录》卷第十五、《林间录》⑩卷一

【注释】

①公立：夏倚，字公立。官至福建转运判官等。

②次公：杨杰，字次公，自号无为子，故世称杨无为。无为（今属安徽）人，宋神宗时官太常，哲宗时为礼部员外郎，出知润州，除两浙提点刑狱，故又称杨提刑，历参天下名宿，其中与天衣义怀、芙蓉道楷最为相得。

③南公：指黄龙祖师慧南禅师。

④心上座：指晦堂祖心禅师。

⑤公：指夏倚公立。

⑥南：亦指黄龙祖师慧南禅师。

⑦⑧⑨师：均指晦堂祖心禅师。

⑩宋代觉范慧洪撰《林间录》，全称《石门洪觉范林间录》，凡二卷，宋刻。收于《卍续藏》第一四八册。本书为寂音尊者觉范慧洪禅师之语录。内容系慧洪与林间胜士抵掌清谈有关尊宿之高行、丛林之遗训、诸佛菩萨之微旨及贤士大夫之余论等之语要共三百余篇，为参禅学道之指南。此外，慧洪另著有林间后录一卷，又作《林间录后集》《新编林间后录》，系其所撰之石门文字禅卷十七至卷二十之赞、铭并序等，亦收于《卍续藏》第一四八册。

晦堂榜门

《人天宝鉴》①曰：晦堂心禅师，初承南禅师遗命，领住山缘十有三白②。于法席正盛时，毅然谢事居西园③，以"晦"命其堂④。且曰：吾所辞者世务尔，今欲专行佛法。于是榜其门曰：

告诸禅学，要穷此道切须自看，无人替代。时中或是看得因缘，自有欢喜入处，却来入室吐露，待为品评是非深浅；如未发明，但且歇去。道自见前，苦苦驰求转增迷闷。此是离言之道，要在自肯不由他悟。如此发明，方名了达无量劫⑤来生死根本。若见得离言之道，即见一切声色言语是非更无别法；若不见离言之道，便将类会目前差别因缘以为所得。只恐误认门庭目前光影，自不觉知，方成剩法。到头只是自谩⑥，枉费心力。宜乎昼夜克已精诚，行住观察微细审思，别无用心，自然有个入路。非是朝夕学成事业，若也不能如是参详，不如看经礼拜度此残生，亦自胜如乱生谤法。若送老之时，敢保成个无事人，更无他累。其余入室⑦，今去朔望两度却请访及。

——《人天宝鉴》

【注释】

①《人天宝鉴》南宋昙秀撰，理宗绍定年间（1228—1233）上梓刻版。全一卷，乃依内典及儒、老之外籍等，编集学道之须知、修行之龟鉴等佳言秀句数百条。

②领住山缘十有三白：住持黄龙寺院一十三年。

③西园：即西花园。据《黄龙崇恩禅寺传灯宗谱》载：黄龙寺有东西花园各一个，西花园位于大寺的右边，在祖堂前面与大雄宝

殿之间,面积达数百平方米,与"东花园"相对,亦广植花木,并有石制大缸一只,为当年养金鱼之具。

④晦堂:祖心禅师辞去主持之职,专行佛法之所,位于西花园之中。晦堂之名,乃我国书斋居室命名之始。

⑤无量劫:多到不可计量的劫数。佛教常使用劫数这一时间概念,有小劫、中劫、大劫之分。(1)小劫:《大毗婆沙论》等谓,人寿自十岁起,每过百年增一岁,至八万四千岁为增劫之极;又自八万四千岁起,每过百年减一岁,至十岁为减劫之极。此一增一减,共计一千六百七十九万八千年,称为一小劫;(2)中劫:合二十小劫,共计三亿三千五百九十六万年,称为一中劫;(3)大劫:总括成住坏空等四劫,称为一大劫;乃一期世界之始末。《瑜伽师地论》卷二记载:"又此世间,二十中劫坏,二十中劫坏已空,二十中劫成,二十中劫成已住。"即八十中劫为一大劫,共计二百六十八亿七千六百八十万年。

⑥谩:欺骗,欺诳,蒙蔽。

⑦入室:禅宗术语。禅规谓久参之弟子入师室参问道也。是勘责弟子之得分者,故非久参之人则不许之。在古时则临机行之别无入室之规,马祖百丈后,别立方规,定日行之。世谓得师法,为入室之弟子。然言入室者,未必尽得师法也。《祖庭事苑》(八)曰:"'祖师传云:五祖大师至夜,密令侍者于碓坊召卢行者入室,遂传衣法。又《法华》云:着如来衣入如来室。《阿含经》云:佛告苾刍,吾两月欲宴坐,汝等不须参问,唯除送食及洒地时可至于此。应知佛祖当时有入室参问之仪也。'《敕修清规·入室》曰:'入室者,师家勘辩学子,策其未至,捣其虚亢,攻其偏重。'《兴禅护国论》曰:'入室谓遇和尚闲暇之日建立之,此宗一大事也。'《僧堂清规》(二)

曰：'凡请益之翌日日入室。'"

不如归乡好

一日问僧："甚处来？"曰："南雄州①。"堂曰："出来作甚么？"曰："寻访尊宿②。"堂曰："不如归乡好。"曰："未审和尚令某归乡意旨如何？"堂曰："乡里三钱买一片鱼鲊③如手掌大。"

——《续传灯录》卷第三十四

【注释】

①南雄州：今广东韶关南雄市。宋开宝四年（971）改雄州为南雄州，与河北雄州别，属广南东路。

②尊宿：亦作"尊夙"。指年老而有名望的高僧。

③鱼鲊：湖南祁阳的特色美食。祁阳鱼鲊与一般鱼有不一样，因为祁阳鱼鲊必须生吃，在吃法上有些独特。

云盖守智禅师

【禅师简介】

潭州云盖守智禅师（1025—1116），黄龙慧南禅师法嗣。剑州陈氏子。游方至豫章大宁，时法昌遇禅师韬藏西山，师闻其饱参即之，昌使谒翠岩真禅师，虽久之无省，且不舍寸阴。及谒黄龙于积翠，始尽所疑。后首众石霜，遂开法道吾、徙云盖。政和四年，周公稚守潭，遣长沙令佐以诡计邀至开福，斋罢鸣鼓，问其故，曰："请师住持此院。"遂不得辞，时年九十矣。五年三月七日，升座说偈曰："未出世，口如驴嘴。出世后，头似马构。百年终须自坏，一任天下十度。"归方丈安坐，良久乃化。阇维，得舍利五色，经旬，拨灰烬犹得之。坐六十六夏，法嗣九人：宝寿最乐禅师、道场法如禅师、石佛慧明禅师、大乘玒禅师、开福文玉禅师、大宁纪禅师等。

无弦琴音

守智禅师谒黄龙慧南于积翠，始尽所疑。后首众石霜，遂开法道吾①、徙云盖②。

有僧来问："有一无弦琴，不是世间木。今朝负上来，请师弹一曲。"

守智禅师拊膝一下。僧云："金风飒飒和清韵，请师方便再垂音。"

守智禅师曰："陕府出铁牛。"

——《续传灯录》卷第十五

【注释】

①道吾：道吾山，坐落在浏阳市城北六点五公里处，古称白鹤山，又名赵王山，是中外驰名的佛教圣地。

②云盖：云盖寺。有陕西省镇安云盖寺、湖北郧县云盖寺、福建漳州云盖寺等。这里是指湖北云盖寺，在郧县东南部鲍峡镇境内，距车城十堰约55公里。

洞烛其面

守智禅师居院之东堂，政和辛卯，死心谢事黄龙，由湖南入山奉觐，日已夕矣。

侍僧通谒，守智禅师曳履①且行且语曰："将烛来看其面目，何似生而致名喧宇宙。"

死心亦绝，叫："把近前来，我要照是真师叔是假师叔。"

守智禅师即当胸驱一拳。

死心曰："却是真个。"

遂作礼谒见，宾主相得欢甚。及死心复领黄龙，至政和甲午示寂，时师住开福，得讣，上堂颂偈：

法门不幸法幢②摧,五蕴③山中化作灰。

昨夜泥牛通一线,黄龙从此入轮回。

——《续传灯录》卷第十五

【注释】

①曳履:拖着鞋子。形容闲暇、从容。

②法幢:(1)比喻佛法如幢。幢者幢幡,与旌旗同义。猛将建幢旗以表战胜之相;故以法幢譬喻佛菩萨之说法能降伏众生烦恼之魔军。后凡于佛法立一家之见,即称为建立法幢。(2)为说法道场之标识。宣扬大法之际,将幢幡建于道场门前,此称为法幢、法祏。禅宗又转其意,将演法开畅,称为建法幢。今各寺之安居结制,亦称建法幢。

③五蕴:五蕴分别是色蕴、受蕴、想蕴、行蕴、识蕴五种。在五蕴中,除了第一个色蕴是属物质性的事物现象之外,其余四蕴都属五蕴里的精神现象。五蕴实际上是佛教关于人体和其身心现象都是由哪些要素构成的理论。五蕴的"蕴"是梵文的音译,意义是积聚或者和合。佛教认为世间一切事物都是由五蕴和合而成,一人的生命个体也是由五蕴和合而成的。

摘茶去

上堂,举赵州问僧:"向甚么处去?"曰:"摘茶去。"州曰:"闲。"师曰:"道着不着、何处摸索,背后龙鳞、面前驴脚,翻身筋斗、孤云野鹤。阿呵呵。"

——《正法眼藏》卷第三(下)、《续传灯录》卷第十五

倚遇烟房

　　法昌倚遇禅师方韬藏西山[①]，云盖守智禅师闻其饱参，诣之。至双岭寺[②]，寺屋多僧少，草棘满庭，山雪未消。智见一室邃僻，试扬帘，闻叱诟曰："谁故出我烟盖！"师[③]方附湿薪火，藉烟为暖耳。智反走，师呼曰："来，汝何所来？"对曰："大宁。"又问："三门夜来倒知否？"智愕曰："不知。"师云："吴中石佛大有人不曾得见。"智不敢犯其词，知其为遇也，乃敷坐具愿亲炙之，师使往谒真点胸。

——《禅苑蒙求瑶林》卷中

【注释】

①西山：江西南昌西山，著名宗教场所，有多所道观寺庙。

②双岭寺：唐宋时南昌西山名寺。

③师：指法昌倚遇禅师。

石霜琳禅师

【禅师简介】

潭州石霜琳禅师,黄龙慧南祖师法嗣。初行脚时与夹山龄同行,久依佛日才禅师罢参矣。因与龄同游黄檗,见慧南禅师小参不喻其旨,师遂求入室。龄大怒痛殴一顿而去,师独留,未几大悟黄龙宗旨,机锋颖脱名振丛林。在南公坐下与"文关西""英邵武"等齐名,遂开法于石霜。师于元丰七年三月初八日净发沐浴,夜半端然示寂,阇维得舍利葬于本山。法嗣三人:鼎州德山宗什庵主、夔州卧龙思顺禅师、鼎州庆和怀悚禅师。

石女溪边笑

僧问:"拈槌举拂拈放一边,请师答话。"

石霜琳禅师答曰:"高著眼[①]。"

僧云:"作家宗师。"

师曰:"脚下蹉过。"

僧以坐具画一画。师曰:"自领出去。"

又问:"法王出世请施号令。"

师曰:"一二三四五。"

僧云:"法令施行。"

师曰:"潇湘船子。"

问:"慈云蔼蔼慧日辉辉,大众欣然乞师一接。"

师曰:"好。"

僧云:"不言含有象,何处谢无私。"

师曰:"石女②溪边笑点头。"

问:"石霜枯木重生时如何?"

师曰:"海底金龟走,天边玉兔明。"

僧云:"恁么则觉花开有地,果熟自然香。"

师曰:"须弥顶上面南行。"

——《续传灯录》卷第十六

【注释】

①高著眼:谓从高处、远处观察、考虑。宋代韩淲《涧泉日记》卷下:"古今兴废,不可只据纸上看过。须是高著眼,与申冤道屈,使后世无徼幸之心。"

②石女:禅门机语中,每以石女与木人相对称,乃喻指远离情识,天真无作之妙用。如《普灯录》卷五:"石女舞成长寿曲,木人唱起太平歌。"另指女之无子,不能为淫者。

三祖法宗禅师

> 【禅师简介】
>
> 舒州三祖法宗禅师,黄龙慧南禅师法嗣。禅师生卒年限、参学行止等不详,法嗣四人:光孝惟爽禅师、洞山渊禅师、西贤利贯禅师、梅山海良禅师。

十字街头一片砖

僧问:"如何是佛?"师曰:"吃盐添得渴。"问:"如何是道?"师曰:"十里双牌,五里单堠。"曰:"如何是道中人?"师曰:"少避长,贱避贵。"问:"如何是善知识[①]所为底心?"师曰:"十字街头一片砖。"曰:"如何是十字街头一片砖?"师曰:"不知。"曰:"既不知却怎么说?"师曰:"无人踏着。"

——《续传灯录》卷第十六

【注释】

①善知识:佛教术语,简而言之为能教众生远离恶法修行善法的人。丁福保《佛学大词典》释云:知识者,知其心识其形之义,知人乃朋友之义,非博知博识之谓,善者于我为益,导我于善道者。《法华文句》四曰:"闻名为知,见形为识。是人益我菩提之道,名

善知识。"《法华经·妙庄严王品》曰："善知识者是大因缘，所谓化导令得见佛，发阿耨多罗三藐三菩提心。"《根本说一切有部毗奈耶杂事》曰：阿难陀言：诸修行者，由善友力，方能成办。得善友故，远离恶友，以是义故，方知善友是半梵行。佛言：阿难陀勿作是言，善知识者是半梵行。何以故？善知识者是全梵行，由此便能离恶知识，不造诸恶。常修众善，纯一清白，具足圆满梵行之相。由是因缘若得善伴与其同住乃至涅槃事无不办，故名全梵行。

四祖法演禅师

【禅师简介】

蕲州四祖山法演禅师,黄龙慧南禅师法嗣。桂州人也,禅师生卒年限、参学行止等不详,法嗣二人:海会宗和尚、南禅畅禅师。

心相心体

僧问:"如何是心相①?"师曰:"山河大地。"曰:"如何是心体②?"师曰:"汝唤甚么作山河大地?"

——《续传灯录》卷第十六

【注释】

①心相:(1)指心之相状。有心内相与心外相之别。心之本性清净平等,称为心内相。心随诸缘而生种种对境,称为心外相(《维摩经》卷中)。(2)心之本来面目(《维摩经》卷中)。(3)心之行相。即指见分(《圆觉经》)。(4)肉团心。即心脏之形状。

丁福保《佛学大词典》:禅宗术语:心之行相,即见分也,又为肉团心。即心脏之相貌。圆觉经曰:妄认四大为自身相,六尘缘影为自心相,譬如彼病目者见空中华及第二月。往生要集十本曰:"如来心相如红莲华。"

②**心体**：心体是念头产生处，念头是业相的结果。这些念头可能像种子一样潜在于心体里，也可能被表现出来。如果被表现出来，它们首先采取欲望的形式，首先经过精体，或者说欲望体，它由五个精神器官构成。念头可能以梦或未满足欲望的形式停留在精体里；也可能被进一步表现出来，通过肉体及其五个身体器官。

心体在不同的活动状态表现为：心止，是神；心动，是人；心减慢，是神醉者；心加快，是疯癫者。

五祖晓常禅师

【禅师简介】

蕲州五祖晓常禅师,黄龙慧南祖师法嗣。生卒行状不详。法嗣三人:月顶道轮禅师、乌崖楚清禅师、昭化希绍禅师。

清香满路

有僧来问:"如何是宗乘中事?"

晓常禅师曰:"动唇吻得么?"

僧又问:"如何是正法眼①?"

晓常禅师曰:"拣择得么?"

僧再问:"如何是法身②?"

晓常禅师又曰:"道汝不会得么?"

僧还问:"莲华未出水时如何?"

师曰:"看不见。"

僧最后云:"出水后如何?"

晓常禅师曰:"清香满路。"

——《续传灯录》卷第十六

【注释】

①正法眼：又曰清净法眼。禅家以之为教外别传之心印。《释氏稽古略·一》曰："佛在灵鹫山中，大梵天王以金色波罗华持以献佛。世尊拈华示众，人天百万悉皆罔摄，独有迦叶，破颜微笑。世尊曰：吾有正法眼藏涅槃妙心，分付迦叶。"今以禅门之意解之，则是正为佛心之德名，此心彻见正法，故曰正法眼。

②法身：佛三身之一，又名自性身，或法性身，即诸佛所证的真如法性之身。

真净克文禅师

【禅师简介】

　　隆兴府（今江西南昌）宝峰克文云庵真净禅师（1025—1082），黄龙慧南禅师之法嗣，俗姓郑，号云庵，陕州阌乡（河南省阌乡县）人。初投复州（属湖北省）北塔广公出家，后参积翠黄龙慧南，嗣其法。因机锋锐利，人称"文关西"。尝居高安洞山寺、圣寿寺、泐潭宝峰禅院、金陵报宁寺等名刹，颇得宰相王安石、张商英之推崇。崇宁元年十月十六日示寂，年七十八，法腊五十二，分骨塔于泐潭、新丰。赐号"真净禅师"，后人习称之为"真净克文"。法嗣三十八人：有兜率从悦禅师、法云杲禅师、泐潭文准禅师、慧日文雅禅师、洞山梵言禅师、文殊宣能禅师、寿宁善资禅师、上封慧和禅师、五峰本禅师、九峰希广禅师、黄檗道全禅师、清凉德洪禅师、超化静禅师、石头怀志庵主、双溪印首座、慧安慧渊禅师等。

清波无透路

　　师生而杰异，幼孤事后母至孝而失爱。母数困辱之，父悲之使游学四方，至复州北塔闻耆宿广公说法感泣，裂缝掖而师事之，故北塔以克文名之。年二十五试所习剃发受具足戒，学经论无不臻妙。游京洛讲席，因经行龙门殿庑间，见塑比丘像冥目如在定，幡然自失谓其伴曰："我所负者如吴道子①画人物，虽尽其妙然非活者。"于是弃去曰："吾将南游观道焉。"治平二年坐夏于大沩②，夜闻僧诵云门③语，僧问："佛法如水中月是否？"云门云："清波无透路。"豁然有省。

——《续传灯录》卷第十五

【注释】

①吴道子：约公元 680—759 年，唐代著名画家，被尊称画圣，又名道玄。汉族，阳翟（今河南禹州）人。曾任兖州瑕丘（今山东滋阳）县尉，不久即辞职。后流落洛阳，精于佛道、人物，长于壁画创作。

②大沩：大沩山，亦称沩山，湘江支流沩水的发源地，位于湖南省宁乡县西。

③云门：这里指禅宗云门宗祖师云门文偃禅师。

专候乐官

刘宜翁①，尝参佛印②，颇自负，甚轻薄真净。

一日，从云居③来游归宗④，至法堂，见真净便问："长老写戏，来得几年？"净曰："专候乐官⑤来。"翁曰："我不入这保社⑥。"净曰："争奈即今在这场子里。"翁拟议，净拍手曰："虾蟆禅⑦，只跳得一跳。"又坐次，指其衲衣曰："唤作什么？"净曰："禅衣。"翁曰："如何是禅？"净乃抖擞曰："抖擞不下。"翁无语，净打一下，云："你伎俩如此，要勘⑧老僧耶？"

——《宗门武库》⑨

【注释】

①刘宜翁：云居佛印之在家弟子，生平资料佚失。其在北宋时佛教界名头甚响，这从苏轼的《与刘宜翁书》中可见一斑。

②佛印（1032—1098）：宋代云门宗僧，为苏东坡之方外知交。法号了元，字觉老。俗姓林，饶州（属江西省）浮梁人。后历住淮山斗方、庐山开先、归宗，丹阳（属江苏省）金山、焦山、江西大仰山等刹，尝四度住云居。与苏东坡相交颇深，并整编白莲社流派，担任青松社社主，对于净土思想甚为关心。元符元年一月四日示寂，享年六十七岁，法腊五十二，朝廷赐号"佛印禅师"。

③云居：云居山，位于江西省九江市永修县西南部，原名欧山，是国家重点风景名胜区。云居山是我国著名的佛教场所，山上的真如禅寺是佛教禅宗曹洞宗发祥地。

④归宗：即庐山归宗寺，坐落在星子县，秀峰西南一公里处，地处温泉镇的中心位置，离寺不远之后的半山，是玉帘泉羲之洞。原为王羲之所建别墅，后来王离任江州，便将此别墅赠给一西域僧人为寺，后称归宗寺。

⑤乐官：掌管音乐的官吏，这里引申为合唱伴奏的。

⑥保社：旧时乡村的一种民间组织，因依保而立，故称。

⑦虾蟆禅：泛指凝滞一边而不能自在活用之禅者。又作虾禅。有两说：（一）谓虾蟆仅能一跳而不解他术；故以此比喻认一知半解为是，而不通于他术之不活脱不自由之死禅。（二）指徒知坐禅者，其坐姿如虾蟆坐荷叶，故有"虾蟆禅"之称。《云门录》即有"这死虾蟆"之语。又同书谓："抛钩钓鲲鲸，钓得个虾蟆。"此外，又有以虾蟆口比喻饶舌者，如《云门录》卷中有"某甲不欲开虾蟆口"之语，即表示徒弄口舌，而于修道无益。

⑧勘：接引、考验之意。

⑨《宗门武库》：又称《大慧普觉禅师宗门武库》《大慧宗门武库》《大慧武库》《杂毒海》。弟子道谦收集大慧宗杲禅师语录编成，一卷。系禅宗古德言行录的纂辑。收在《大正藏》第四十七册、《禅宗全书》第三十二册。就内容而言，此书是古代公案的选辑，收载洞山广道、慈明楚圆、湛堂文准等禅门缁素数十人的机缘语，共一一四条。由于本书颇能显示临济家风，故古来即为临济宗人所喜诵读。

东司向西

钱弋郎中①，访真净，说话久，欲登溷②。净令行者引从西边去，钱遽云："既是东司③，为什么却向西去？"

净云："多少人向东边讨。"

师云："恶！便是赵州问投子④'不许夜行，投明须到'⑤，亦不如此语好。"

——《宗门武库》《禅宗颂古联珠通集》

【注释】

①郎中：官名。始于战国，秦汉沿置。乃分掌各司事务，其职位仅次于尚书、侍郎、丞相的高级官员。亦作医生、卖药的尊称；另意为宫廷的侍卫。此处为官名。

②溷：厕所。

③东司：指禅林东序之僧所用之厕所，至后世，成为厕所之通称。又称东净、后架、起止处、雪隐。

④投子：唐代著名禅僧投子大同（819—914），俗姓刘，舒州怀宁（今安徽潜山县）人，翠微无学法嗣，谥慈济大师。

⑤不许夜行，投明须到：禅宗著名公案：赵州从谂问投子大同："死中得活时如何？"投子答："不许夜行，投明须到。"彻悟是从死禅上升到活禅的境界，从黑暗走向光明的境界（即禅心复活）。所以大同建议他"不许夜行，投明须到"。赵州说："我早候白，伊更候黑。"

师恩难忘

真净和尚，有时遽唤侍者："将老和尚①来。"

侍者将南禅师②真③展开，净以手加额云："不是这老和尚，岂能如此！"

辄擎蹙半饷，却戒收之。每每如此。

潜庵源和尚④，每见南禅师真，即泪下。

师⑤每岁得时新，必先供佛及圆悟⑥，然后敢尝。谓左右曰："非佛与老和尚⑦，我安得如此。"

——《宗门武库》

【注释】

①老和尚②南禅师：均指真净禅师师傅黄龙宗祖师慧南禅师。

③真：即写真，画像。古时候没有照相机，人像全靠画家用"写真"的手法画出来。

④潜庵源和尚：南康军清隐潜庵清源禅师，豫章邓氏子，黄龙宗祖师慧南禅师法嗣弟子。

⑤师：指《宗门武库》的作者大慧普觉宗杲禅师。

⑥圆悟：大慧普觉宗杲禅师的师傅圆悟克勤禅师。

⑦老和尚：这里的老和尚与上面的文字一样，但所指不同，乃为大慧普觉宗杲禅师的师傅圆悟克勤禅师了。

作家法战

南康诸山相会，佛印后至。

真净问曰："云居来何迟？"

印曰："为着草鞋从归宗肚里过，所以迟。"

净云："却被归宗吞了。"

印云："争奈吐不出？"

净云："吐不出，即屙出。"

——《宗门武库》

预见之言

筠州①黄檗泉禅师，初习《百法论》②，讲肆有声。更衣南询，见真净和尚于洞山。有《悟道颂》，其略曰："一锤打透无尽藏，一切珍宝吾皆有。"

机锋迅发，莫有当者。

真净尝叹曰："惜乎！先师不及见③。"

后上堂说法，不起于座，而示寂灭。

真净之言益验。

——《宗门武库》

【注释】

①筠州：唐武德七年（624）改米州置，以地产筠篁得名，治高安（今

属江西），次年即废入洪州。五代南唐保大十年（952）复置，仍治高安，领高安、上高、万载、清江四县。辖境相当今江西高安、宜丰、上高、万载、樟树等市县。宋太宗太平兴国六年（981），拆高安、上高各一部置新昌县（今江西宜丰）。理宗宝庆元年（1225），改筠州为瑞州。

②《百法论》：即《百法明门论》。

③不及见：来不及出现。见，通"现"。整句话的意思是：可惜呀！他将比我圆寂得早，来不及崭露头角了。

帘卷帘舒

南住黄龙师复往焉，南云："适令侍者卷帘问渠，'卷起帘时如何？'云：'照见天下。''放下帘时如何？'云：'水泄不通。''不卷不放时如何？'侍者无语，汝又作么生？"师曰："和尚替侍者下涅槃堂①始得。"南厉声云："关西人果无头脑。"乃顾旁僧，师指之曰："只这僧也未梦见。"南大笑，自是门下号伟异，虽博学多闻者见之无不訾缩。

——《续传灯录》卷第十五

【注释】

①涅槃堂：又作延寿堂、延寿院、延寿寮、重病间（阁）、省行堂（院）、无常院、将息寮。收容慰抚老病者之堂宇。古时丛林送老者至安乐堂，送病者至延寿堂，俾使老病者养生送死而无憾。

舍利坚刚

诸方尊宿示灭，全身火浴得舍利极多，唯真净禅师舍利大如菽①，五色晶莹而又坚刚。

谷山祖禅师,真净高弟也,多收敛之,盛以琉璃瓶,随身供养。

妙喜②游谷山,尝试之,置于铁砧,举槌击之,砧槌俱陷,而舍利无损:岂非平昔履践明白,见道超诣所致耶!

——《宗门武库》

【注释】

①菽:豆类的总称。

②妙喜:大慧宗杲禅师的自称,因住妙喜庵而得名。

眉批何义

真净和尚游方①时,与二僧偕行到谷隐②。

薛大头③问云:"三人同行,必有一智。如何是一智?"

二僧无语。净立下肩④,应声便喝。

薛竖拳作相扑势⑤。

净云:"不劳再勘。"

薛拽拄杖趁出。

——《宗门武库》

【注释】

①游方:指僧人为修行问道或化缘而云游四方。

②谷隐:(1)襄阳谷隐寺有一千七百多年的历史。历史上的谷隐寺,环境景色十分幽美,岘山风景和习家园林与之相映。宋代诗人曾巩在任襄州刺史时来游,并写了一首《谷隐寺》诗,诗中写道:"岘南众峰外,幽然空谷深。丹楼依碧殿,薧出道安林。(2)襄州谷隐山蕴聪慈照禅师,首山省念禅师之法嗣,姓氏籍贯未详。

③薛大头：宋临济宗僧，谷隐蕴聪的弟子。从师承关系上讲，应为真净和尚的师祖辈。生卒年不详，《续传灯录》卷第四目录中有谷隐薛大头和尚，但正文中无录。

④立下肩：立在人后，以表谦恭。

⑤相扑势：争斗状。

不动智

师居洞山时，僧问："《华严论》云：以无明住地烦恼，便为一切诸佛不动智①，一切众生皆自有之。只为智体无性无依，不能自了。会缘方了，且无明住地烦恼，如何便成诸佛不动智。理极渊深，绝难晓达。"师曰："此最分明可了解。"时有童子方扫地，呼之回首。师指曰："不是不动智。"却问："如何是佛性②？"童子左右视惘然而去，师曰："不是住地烦恼。若能了之，即今成佛。"

——《指月录》卷之二十六

【注释】

①不动智：是指不动的智慧。"不动"并非像木石一样静止不动，此处是指动而不止、瞬息不停的心，即"无停留处之心"。无停留处之心就是对任何事情都不执著之心，也就是无心。它是人自然具有的本然之心，又称本心。本心如水，不止留一处。(《不动智神妙录》)

②佛性：佛者觉悟之义，性者不改之义，佛性即是一切众生永不变异的觉悟之性。《涅槃经》说："一切众生悉有佛性，如来常住无有变异。"

灰烬何置

问讲师曰："火灾起时，山河大地皆被焚尽，世间虚空，是否？"对曰："教有明文，安有不是之理。"师曰："如许多灰烬，将置何处？"讲师舌大而干笑曰："不知。"师亦笑曰："汝所讲者，纸上语耳。"

——《指月录》卷之二十六

春日华山青

僧问："有一人欲出长安，有一人欲入长安，未审哪个在先？"师曰："多少人疑著。"曰："不许夜行。"师曰："蚊子锥铁牛[①]。"曰："山顶老猿啼古木，渡头新雁下平沙。"师曰："长安人已入，你合作么生？"曰："春日华山青。"师曰："这僧虽然后生，却可与商量。"

——《指月录》卷之二十六

【注释】

①蚊子锥铁牛：一作"蚊子上铁牛"，是禅宗的常用语，有两层含义：第一，悟境不容置喙，形容根本开不了口。第二，未开悟前的修行过程中，明知目标是一只铁牛，你自己是一只蚊子，仍要继续不断叮下去。从思辨和逻辑的角度看，那是愚蠢的、无聊的；但以用功夫而言，唯有如此才能踏踏实实。

念汝做街坊

僧问:"云门大师欲一棒打杀释迦老子①,和尚又欲粪堆里罯②杀云门。未审和尚罪过,还许学人点检也无?"师曰:"且莫造次。"曰:"和尚坐断庐山,为甚么不识某甲这话?"师曰:"三十棒。"曰:"关。"师曰:"点。"曰:"札。"师曰:"念汝做街坊③。"

——《指月录》卷之二十六

【注释】

①释迦老子:世尊释迦牟尼佛。
②罯:覆盖。
③街坊:邻居。指住处邻近的人。亦作"街坊四邻"。

随缘事事了

师室中问僧云:"了也未?"僧云:"未了。"师云:"你吃粥了也未?"僧云:"了。"师云:"又道未了。"复云:"门外甚么声?"僧云:"雨声。"师云:"又道未了?"复云:"面前是甚么?"僧云:"屏风。"师云:"又道未了。"复云:"还会么?"僧云:"不会。"乃云:"听取一颂:随缘事事了,日用何欠少。一切但寻常,自然不颠倒。"

——《指月录》卷之二十六

惟胜真觉禅师

【禅师简介】

瑞州（今江西高安市）黄檗惟胜真觉禅师，黄龙慧南禅师之法嗣，俗姓罗，潼川（今四川三台）人。出家后先居讲肆，学习经论，后投慧南得印可。法嗣一十六人：昭觉纯白禅师、太平齐禅师、石霜允真禅师、白水居约禅师、广利文易禅师、天王居岸禅师 承天处幽禅师、西禅灯禅师、望川山遵古禅师、吕微仲丞相等。

猛虎当路坐

惟胜真觉禅师居讲聚时，偶以扇勒窗棂有声，忽忆教中道："十方俱击鼓，十处一时闻①。"因大悟白②本讲，讲令参问，师径往黄龙③。后因瑞州太守委龙④遴选黄檗⑤主人，龙集众垂语曰："'钟楼上念赞，床脚下种菜。'若人道得乃往住持。"师出答曰："猛虎当路坐。"龙大悦，遂令师往，由是诸方宗仰之。

——《续传灯录》卷第十五

【注释】

①十方俱击鼓，十处一时闻：就是自性遍十方，行者对自性存

在的感知,圆满无缺。

②白:明白告知;让知晓。

③黄龙:指黄龙慧南禅师。

④龙:黄龙的简称,指黄龙慧南禅师。

⑤黄檗:这里指黄檗寺。

泐潭洪英禅师

【禅师简介】

　　隆兴府泐潭洪英禅师（1012—1070），黄龙宗慧南祖师法嗣。福建邵武人，俗姓陈，世称"英邵武"。阅《华严十明论》，悟入宗要。闻黄龙慧南于黄檗山积翠寺宣说法要，遂前往依止，其后并入室嗣法。后游西山，住于双岭，熙宁二年（1069），慧南示寂，乃于泐潭寺（今宝峰寺）开法，世称泐潭洪英。熙宁三年六月入寂，世寿五十九，法腊四十三。撰有《泐潭英禅师语要》一卷传世，法嗣一十一人，有法轮齐添禅师、慧明云禅师、仰山友恩禅师、大沩齐恂禅师、方广怀纪禅师、宝盖自俊禅师等。

私盐贩子

洪英禅师在泐潭时，有僧问："逢场作戏时如何？"
洪英禅师曰："红炉爆出铁乌龟。"
僧曰："当轩布鼓师亲击，百尺竿头事若何？"
洪英禅师曰："山僧不作这活计。"
僧拟议，师曰："不唧溜汉。"
僧礼拜起，便垂下袈裟角，曰："脱衣卸甲时如何？"

洪英禅师曰："喜得狼烟息，弓弰壁上悬。"

僧却揽上袈裟，曰："重整衣甲时如何？"

洪英禅师曰："不到乌江畔，知君未肯休。"

僧便喝，师曰："惊杀我！"

僧拍一拍，师曰："也是死中得活。"

僧礼拜。师曰："将谓是收燕破赵之才，元来是贩私盐贼。"

——《续传灯录》卷第十五

深着锄头

又一日升堂，僧问："黄龙一曲师亲唱，佛手驴脚略借观。"

师曰："老僧打退鼓。"

僧礼拜。师曰："龙头蛇尾。"

又问："临济栽松即不问，百丈开田事若何？"

师曰："深着锄头。"

僧云："古人犹在。"

师曰："更添锄头。"

僧礼拜。师击禅床一下，乃顾视大众曰："青山重叠叠，绿水响潺潺。"

遂拈拄杖曰："未到悬崖处，抬头仔细看。"

卓拄杖而起，又曰："宝峰高峻人罕到，岩前雪压枯松倒。岭前岭后野猿啼，一条古路清风扫。禅德，虽然如是，且道山僧拄杖子长多少？"遂拈起曰："长者随长使，短者随短用。"

卓一下，又上堂，良久顾视大众曰："石门巇险铁关牢，举目重重万仞高。无角铁牛冲得破，毗卢海内作波涛。且道不涉波涛一句作么生道?"

良久曰:"一句不遑无著问,迄今犹作野盘僧。"下座。

——《续传灯录》卷第十五

如何是佛

僧问:"如何是佛?"

师曰:"眉分八字眼似流星。"

僧云:"如何是祖师西来意?"

师曰:"一棒一条痕。"

僧云:"大众证明学人礼谢。"

师呵呵大笑。僧礼拜起,以左手画一圆相,师以拂子穿向右边;僧以右手画一圆相,师以拂子穿向左边;僧以两手画圆相托呈,师以拂子画一画曰:"三十年来未曾逢沩仰子孙,今日却遇著个踏土墼汉。还更有问话者么?"

良久无问,师乃曰:"问也无穷,答也无尽。问答去来,于道转远。何故?况为此事,直饶棒头荐得,不是丈夫;喝下承当,未为达士。那堪更向言中取则,句里驰求。语路尖新,机锋捷疾。如斯见解,尽是埋没宗旨、玷污先贤,于吾祖道何曾梦见。只如我佛如来临般涅槃,乃云吾有正法眼藏涅槃妙心,付嘱摩诃大迦叶[①]。迦叶遂付阿难[②]、洎商那[③]和修优波鞠多[④]士诸祖相继。至于达磨西来,直指人心、见性成佛,不立文字语言,岂不是先圣方便之道?自是当人不信,却自迷头认影;奔逐狂途,致使伶俜流浪生死。禅德[⑤],若能一念回光返照,向自己脚跟下褥剥究竟将来,可谓洞门溪开楼阁重重，十方普现海会齐彰。便乃凡圣贤愚、山河大地，以海印三昧⑥一印印定，更无纤毫透漏。山僧如是举唱，若是众中有本色衲僧，闻之实为掩耳而归，笑破他口。大众且道，本色衲僧门下一句作么生道？"良久曰："天际雪埋千尺石。洞门冻折数株松。"

——《续传灯录》卷第十五

【注释】

①摩诃大迦叶：摩诃迦叶波的简称，是佛陀十大弟子之一，以头陀第一著称，禅宗初祖。

②阿难：为佛陀十大弟子之一，全称阿难陀，禅宗二祖。意译为欢喜、庆喜、无染。系佛陀之堂弟，出家后二十余年间为佛陀之常随弟子，善记忆，对于佛陀之说法多能朗朗记诵，故誉为多闻第一。

③洎商那：三祖商那和修尊者，摩突罗国人也。亦名舍那婆斯。姓毗舍三祖商那和修尊者多，父林胜，母憍奢耶，在胎六年而生。

④修优波鞠多：四祖优波鞠多尊者，吒利国人也。亦名优波崛多，又名邬波鞠多。姓首陀，父善意。十七出家，二十证果。

⑤禅德：有道禅师。《景德传灯录·慧能大师》："京城禅德，皆云欲得会道，必须坐禅习定，若不因禅定而得解脱者未之有也。"

⑥海印三昧：佛教术语。此海印三昧是《华严经》所说的十种三昧之第一种，亦为其他九种三昧之根本，也象征着《华严经》的根本理趣。

洪英掏膝

泐潭洪英于翠岩可真禅师会下时,可真尝以"女子出定"[①]公案接化之,其时会中无解意者,唯洪英叩膝退场,受其赞赏。

《禅苑蒙求》卷上:翠岩真点胸[②]好问僧:"文殊是七佛之师,因甚么出女子定不得?罔明从下方来,因甚出得女子定?"

莫有对者,独"英邵武",方其问时,以手掏其膝而去,真笑曰:"卖匙箸[③]客未在。"

——《禅苑蒙求瑶林》卷上

【注释】

①女子出定:禅宗公案名。据《诸佛要集经》卷下载,昔时离意女在释尊座前入于三昧,大智慧者文殊菩萨虽为过去七佛之师,却无法近佛而坐,欲令离意女出定而问之,然施以神力,犹不能令其出定。而罔明菩萨仅仅为弃诸妄想分别之初地菩萨,却能至此女子之前鸣指一下,便使离意女从定中而出。故禅宗参究此事,每以果位低下之罔明菩萨却能使女子出定之不合理处,视为该公案之要旨。盖文殊以男女差别之见解欲令离意女出定而不得,罔明则立于天地一体廓然无圣之境,故虽弹指一下,离意女即应之出定。无门关颂曰:"出得出不得,渠侬得自由,神头并鬼面,败阙当风流。"

②真点胸:(1)可真点胸,禅宗公案名。为宋代翠岩可真禅师开悟得法之公案。可真初投石霜楚圆座下时,楚圆欲勘验之,乃问:"如何是佛法大意?"可真答:"无云生岭上,有月落波心。"楚圆斥道:"头白齿黄,犹作这见解!"可真闻言,垂泪求楚圆指示。

楚圆道："你可问我。"可真即以前语问之，楚圆乃不疾不徐答："无云生岭上，有月落波心。"可真闻其语，豁然点胸而开悟得法。（2）翠岩可真禅师之代称：禅林中遂以此一因缘而称翠岩可真禅师为"真点胸"。

③匙：舀汤用的小勺子；箸：筷子。

开元子琦禅师

【禅师简介】

蕲州（今湖北蕲春）开元子琦禅师，黄龙慧南禅师之法嗣，俗姓许，泉州人。从本地开元寺智讷禅师出家，后试经得度，学习经教，精通《楞严》和《圆觉》。法嗣六人：荐福道英禅师、双磵允光禅师、尊胜有朋禅师、承天禧宝禅师、三角如璇禅师、双磵先禅师。

久远时事不理

子琦禅师礼谒翠岩真禅师问佛法大意，真唾地曰："这一滴落在甚么处？"师扪膺曰："学人今日脾疼。"真解颜，辞参积翠①，岁余尽得其道。乘间侍翠②商确古今，适大雪翠指曰："斯可以一致苕帚否？"师曰："不能。然则天霁日出，云物解驳③，岂复有哉。知有底人于一言句如破竹，虽百节当迎刃而解，讵容声于拟议乎。"一日翠④遣僧逆问："老和尚三关语如何？"师厉声曰："尔理会久远时事作么？"翠⑤闻益奇之，于是名著丛席。

——《续传灯录》卷第十六

【注释】

①②④⑤积翠、翠：均指黄檗山积翠寺黄龙慧南祖师。
③云物解驳：雪化之后，天地树木黑白相杂。

作客不如归家

僧问："须弥纳芥子①即不问，微尘②里转大法轮③时如何？"师曰："一步进一步。"曰："恁么则朝到西天、暮归唐土？"师曰："作客不如归家。"曰："久向道风请师相见。"师曰："云月是同，溪山各异。"

——《续传灯录》卷第十六

【注释】

①芥子：（1）原系芥菜之种子，颜色有白、黄、赤、青、黑之分，体积微小，故于经典中屡用以比喻极小之物，如谓"芥子容须弥，毛孔收刹海"即为常见于佛典中之譬喻。（2）又因芥子与针锋均为极微小之物，而以"芥子投针锋"比喻极难得之事，如北本涅槃经卷二谓，佛出世之难得犹如芥子投针锋。

②微尘：色体之极少为极微，七倍极微，为微尘。七倍微尘，为金尘。金尘者，得游履金中之间隙也。俱舍论十二曰：七极微为一微量，积微至七为一金尘。

③法轮：佛教语。谓佛说法，圆通无碍，运转不息，能摧破众生的烦恼。释迦牟尼佛成道之初，三度宣讲"苦、集、灭、道"四谛，称为"三转法轮"。

仰山行伟禅师

> 【禅师简介】
>
> 袁州（今江西宜春）仰山行伟禅师（1019—1081），黄龙慧南禅师之法嗣，河朔（黄河北一带）人。出家后，于东京大佛寺受具足戒。后因听习《圆觉经》，稍微产生了一点儿疑情，于是便游方参学，专扣祖意。法嗣八人：谷隐静显禅师、黄檗永泰禅师、龙王善随禅师、慧日明禅师、王氏山慧先禅师、寒磣子和禅师、木平庆禅师、圣果永聪首座。

下笔便错

至南禅师法席六迁星序[①]，一日扣请寻被喝出，足拟跨门顿省玄旨，出世仰山道风大著。

上堂："大众会么？古今事掩不得，日用事藏不得。既藏掩不得则日用现前，且问诸人，现前作么生参？"

上堂："大众见么？开眼则普观十方[②]，合眼则包含万有。不开不合是何模样？还见模样么？久参高德举处便晓，后进初机识取模样。莫只管贪睡，睡时眼见个甚么？若道不见与死人何别？直饶丹青处士笔头上画出，青山绿水夹竹桃花，只是相似模样；设使石匠锥头钻出群羊走兽，也只是相似模样。若是真模样，任是处士石匠无尔下手处，诸人要见须是着眼始得。"良久曰："广则一线道，狭则一寸半。"以拂子击禅床："鼓声才动大众云臻，诸人上观山僧下觑。上观观个甚么，下觑觑个甚么？"良久曰："对面不相识。"

上堂："道不在声色而不离声色，凡一语一默一动一静隐显纵横无非佛事，日用现前古今凝然理何差互。"师自题其像曰：

吾真难貌，斑斑驳驳。

拟欲安排，下笔便错。

——《续传灯录》卷第十五

【注释】

①六迁星序：星序，指官阶位次。唐代杨于陵《祭权相公文》："亟换官荣，屡移星序。"这里引申为时序更替。六迁星序，意思是说经过了六个春秋寒暑的交替轮换，即时间过了六年。

②十方：为四方、四维、上下之总称。即指东、西、南、北、东南、西南、东北、西北、上、下。佛教主张十方有无数世界及净土，称为十方世界、十方法界、十方净土、十方刹等。又其中之诸佛及众生，则称为十方诸佛、十方众生。

隆庆庆闲禅师

【禅师简介】

　　吉州仁山隆庆院庆闲禅师，黄龙慧南禅师之法嗣，俗姓卓，福州人。其母怀他时，曾梦见胡僧授给她一颗明珠，她将明珠吞下，觉后即有孕。庆闲禅师出生时，曾有白光照室之瑞相，庆闲禅师幼时即好清净，不近酒肉。十一岁辞亲出家，十七岁得度并受具足戒，二十岁时开始游方参学，遍历禅席。法嗣三人：安化闻一禅师、龙须聪禅师、资福普滋禅师。

鹭鸶立雪非同色

后谒黄龙于黄檗。龙问："甚处来？"

师曰："百丈。"

曰："几时离彼？"

师曰："正月十三。"

龙曰："脚跟好痛与三十棒。"

师曰："非但三十棒。"

龙喝曰："许多时行脚无点气息。"

师曰："百千诸佛亦乃如是。"

曰："汝与么来何曾有纤毫到诸佛境界。"

师曰："诸佛未必到庆闲境界。"

龙问："如何是汝生缘处？"

师曰："早晨吃白粥，如今又觉饥。"

问："我手何似佛手？"

师曰："月下弄琵琶。"

问："我脚何似驴脚？"

师曰："鹭鸶立雪非同色。"

龙嗟咨而视曰："汝剃除须发当为何事？"

师曰："只要无事。"

曰："与么则数声清磬是非外，一个闲人天地间也？"

师曰："是何言欤？"

曰："灵利衲子。"

师曰："也不消得。"

龙曰："此间有辨上座者汝著精彩。"

师曰："他有甚长处。"

曰："他拊汝背一下又如何？"

师曰："作甚么？"

曰："他展两手？"

师曰："甚处学这虚头①来。"

龙大笑，师却展两手。

龙喝之，又问：懵懵松松两人共一碗作么生会？"

师曰："百杂碎。"

曰："尽大地是个须弥山，撮来掌中汝又作么生会？"

师曰："两重公案。"

曰："这里从汝胡言汉语，若到同安如何过得②。"

时"英邵武"在同安作首座,师欲往见之。师曰:"渠③也须到这个田地始得。"

曰:"忽被渠指火炉,曰:'这个是黑漆火炉,那个是黑漆香卓,甚处是不到处?'"

师曰:"庆闲面前且从恁么说话,若是别人笑和尚去。"

龙拍一拍,师便喝。

——《续传灯录》卷第十五

【注释】

①虚头:弄虚作假;骗局。《景德传灯录·全豁禅师》:"德山曰:'阇梨是昨日新到否?'曰:'是。'德山曰:'什么处学得遮个虚头来?'"

②若到同安如何过得:同安,即永修县艾城镇同安寺;当时"英邵武"在同安作首座。若到同安,如何过得:意思是你这么胡言乱语,如何过得了你师兄泐潭洪英这一关!洪英禅师律法渊博、参研精严,南昌潘清逸居士曾赞服云:"吾忧积翠法道未有继者,今知尽在子躬矣。"

③渠:赣方言,他、她、它的意思。如:"问渠哪得清如许,为有源头活水来。"

好僧堂

明日同看僧堂,曰:"好僧堂。"

师曰:"极好工夫。"

曰:"好在甚处?"

师曰:"一梁挂一柱。"

曰："此未是好处。"

师曰："和尚又作么生？"

以手指曰："这柱得与么圆，那枋^①得与么匾。"

师曰："人天大善知识，须是和尚始得。"

便出。龙出堂外曰："适来与么？是肯你，不肯你？"

师曰："若与么，何曾得安乐处？"

——《续传灯录》卷第十五

【注释】

①枋：方柱形木材：～子。

黄龙恭首座

【禅师简介】

黄龙恭首座，亦即华光恭禅师，黄龙慧南祖师法嗣。出世先依法昌遇和尚，后住衡之华光寺。乃有坦率之风，罹有司，民其衣，华光既遭回禄，而师语录于灰烬中字画无损，余纸悉尽，信般若之明验矣。禅师生卒年限、参学行止等不详，法嗣一人：郴州万寿第一代念禅师。

也道见老僧

遇问曰："见说你要为黄龙烧香，是否？"曰："不敢。"遇曰："龙生龙子，须是解兴云吐雾始得。"师曰："随家丰俭。"遇曰："你未拈香，早钝置黄龙了也。"师曰："且莫多口。"遇曰："你且道黄龙实头处作么生？"师提起坐具，遇唤行者："讨坐具来。"行者提在手中，遇便打云："你三十年后，也道见老僧来。"师[1]后住衡[2]之华光[3]。

——《指月录》卷之二十七

【注释】

①师：指黄龙恭首座。

②衡：湖南的衡阳，亦称衡岳、南岳，著名的佛教圣地。

③华光：广东省怀集县华光寺，始建于唐朝长庆年间（821—824），原址在古洊水县赤水与大溪江合处（今梁村镇赤水桥下游），寺已废。

云居元祐禅师

【禅师简介】

南康军云居真如院元祐禅师（1030—1095），黄龙慧南祖师法嗣。俗姓王，信州上饶人。年十三，师事博山承天沙门齐晟。二十四得度具戒，时南禅师在黄檗，即往依之十余年。南公殁，去游湘中，庐于衡岳马祖故基，衲子追随，声重荆楚间。绍圣二年（《续灯》作壬申年）七月七日夜，集众说偈而化，阅世六十有六，坐四十有二夏。时秋暑方炽，而颜如生，阇维得五色舍利，有光吞饮映夺，久乃灭，山林忽皆华白。法嗣二十七人，有智海智清禅师、海会守从禅师、罗汉系南禅师、南峰永程禅师、宝相元禅师、永峰慧日庵主、白藻清俨禅师等。

元祐辞牒

南康太守陆公畤请住玉涧寺，徐王[①]闻其名奏赐紫方袍。师作偈辞之曰：

为僧六十鬓先华，无补空门愧出家。
愿乞封回礼部牒，免辜卢老衲袈裟。

人问其故。云居元祐禅师曰:"人主之恩而王公之施,非敢辞以近名②也。但以法本等③耳。昔惠满④不受宿请⑤云:'天下无僧,乃受汝供,满何人哉。'"

——《续传灯录》卷第十六

【注释】

①徐王:赵颢,字仲明,初名仲纠,宋英宗次子,宋神宗同母弟。谥曰荣。初封安乐郡公,进祁国公,再进东阳郡王。神宗即位后,进封昌王。后相继改封雍王、扬王、徐王、冀王、楚王、燕王、吴王。颢天资颖异,尤嗜学。工飞白,善射,好图书,博求善本。神宗嘉其志尚,每得异书,亟驰使以示。赵颢于元祐七年(1092)至绍圣元年(1094)为徐王。

②近名:追求名誉。

③本等:即平等。

④惠满禅师:三祖僧璨法嗣。

⑤不受宿请:贞观十六年(642),惠满禅师在洛州南会善寺倒宿墓中,遇大雪纷飞,积雪平地三尺,有人请他到家里去住宿,吃斋饭,满禅师说:"天下无人,才能接受你的邀请。"达摩教义的本义就是教人"苦乐随缘",教人忍受痛苦、无忧怨恨。头陀苦行自然就是训练自己忍受苦痛的方法。

文彩已彰

云居元祐禅师居潭州道林寺①时,有僧问:"如何是道林的旨?"

师曰:"札。"

僧又曰："随流认得性，无喜亦无忧。"

师曰："汝皮袋②重多少？"

僧曰："高着眼看。"

师曰："自领出去。"

再问："如何是祖师西来意？"

师曰："胡天雪压玉麒麟。"

问："如龟藏六时如何？"

师曰："文彩已彰。"

还曰："争奈处处无晨迹。"

师曰："一任拖泥带水。"

曰："便与么去时如何？"

师曰："果然。"

——《五灯会元》卷第十七

【注释】

①道林寺：始建于六朝。道林寺唐以前的历史，记载不详。到了唐朝，道林声名鼎盛。首先是入唐之后，长沙籍大书法家欧阳询为道林题写了匾额："道林之寺"，谓道林"为道之林也"。"痴癫"米芾评价说"笔力险劲"。而后众多文人为道林书写了华章。

②皮袋：禅林用语。即指肉体。所谓身体，犹如于皮袋中藏入一切骨肉脏物等，故又作臭皮袋、臭皮囊。从容录第十八则：僧问赵州："狗子还有佛性也无？"州云："有！"僧云："既有，为什么撞入这个皮袋？"

百丈元肃禅师

> 【禅师简介】
>
> 洪州百丈元肃禅师,黄龙慧南禅师法嗣。法嗣一十二人:仰山清閟禅师、百丈惟古禅师、月珠神鉴禅师、垂拱法满禅师、永寿信诠禅师、洛浦观通禅师、清泉道隆禅师、西峰元弼禅师、法教凝禅师、九仙辅禅师、鹿苑业禅师、凤凰有璘禅师。

土上加泥

僧问:"祖意西来谁家嫡嗣?"师曰:"面南观北斗①。"僧云:"黄龙密印②亲传得,百丈今朝一派流。"曰:"听事不真,唤钟作瓮。"僧云:"人天有赖。"师曰:"七穿八穴③。"问:"祖意西来愿垂开示。"师曰:"泥牛吞巨浪。"僧云:"中下之机如何体究?"师曰:"木马践红尘。"僧云:"恁么则法轮再转,祖道重光?"师曰:"土上加泥。"

——《续传灯录》卷第十五

【注释】

①面南观北斗:佛家以名相为妄幻假空,山河大地是如此,日月星辰也是如此。北斗是相,在北是名,人若是执著于名相,是心

灵被外在名相所役，心灵一随名相，便不能自由无碍，也不能认清"万法唯心"之意。禅师有意错乱，本意即在提醒众人小心主客位次，这是一；既以心为主，又不可把此心当作"肉心"，此心心量广大，清净空旷，可照知一切，却不可被一切所束缚，也不可被分别，若心灵遍于宇宙，漫无定所，又怎能定于南北东西？这是二；心灵既是唯一真实，则时空俱为幻相，永恒者不分昼夜，无垠者绝无南北，世俗说东道西，以空间切割为大块小块，有近有远，实际上只是割裂心识。试想人若在地球某点，自然有南北东西，人若在无垠星空，又何处是东何处是西？在洛阳，则幽燕为北；在漠北，则幽燕为南；在地球，则月亮在天；在月亮，则地球在天。佛家恐人被"南北东西"所限而不得跳出三界处，所以如此颠倒，意在打破人对语言名相的迷信，这是三。

②密印：指手印，手指所结之印契。又作印契、印相、密印等，为教义规范之表记，如一法印、三法印。

③七穿八穴：禅宗用语，又作七纵八横、七弯八拐，意思是形容路径很多，圆融通畅，对佛法的理解顺溜没有滞碍。

大沩怀秀禅师

【禅师简介】

潭州大沩怀秀禅师,黄龙慧南禅师法嗣。信州应氏子,禅师生卒年限、参学行止等不详,法嗣七人:大沩祖瑃禅师、方广有达禅师、南台允恭禅师、福严文演禅师、西材常贤禅师、上生有常禅师、云门怀素禅师。

不得犯人苗稼

僧问:"昔日沩山水牯牛[①],自从放去绝踪由。今朝幸遇师登座,未审时人何处求。"师[②]曰:"不得犯人苗稼。"曰:"恁么则头角已分明。"师曰:"空把山童赠铁鞭。"

——《续传灯录》卷第十五

【注释】

①沩山水牯牛:禅宗公案。沩山灵祐禅师上堂曰:"老僧百年后,向山下作一水牯牛,左胁下书五字——沩山僧某甲。当恁么时,唤作沩山僧,又是水牯牛,唤作水牯牛,又是沩山僧,唤什么即得?"仰山出,礼拜而退。

②师:这里指潭州大沩怀秀禅师。

禾山德普禅师

> 【禅师简介】
>
> 吉州禾山德普禅师（1025—1091），黄龙祖师慧南禅师之法嗣，绵州（今属四川）人，俗姓蒲。师事富乐山之静禅师，十八岁受具足戒。解《唯识》《起信论》，两川无敢难诘者，号义虎。后出蜀中，至荆州遇一禅僧，闻禅宗教外别传之旨，遂于熙宁元年（1068）参谒黄龙慧南，并嗣其法。熙宁八年，住持慧云院，其后迁主吉州禾山，世称禾山德普。元祐六年示寂，世寿六十七，法腊四十九。

智者一言

师即日遂行，熙宁元年至黄龙。问："阿难尊者问迦叶：'世尊①付金襕②外复传何法？'迦叶听后叫：'阿难。'阿难应声道：'喏。'迦叶对他说：'倒却门前刹竿着。'意旨如何？"

南公云："上人出蜀会到玉泉否？"

曰："曾到。"

又问："曾挂褡否？"

禾山德普禅师曰："一夕便发。"

南公云："智者道场关将军打供与结缘几时何妨？"

师默然良久,理前问,南公俯首。师趋出豁然有省。大惊说:"两川义虎不消此老一唾③。"

——《续传灯录》卷第十六

【注释】

①世尊:即佛祖释迦牟尼。

②金襕:即以金缕织成之袈裟。又作金襕袈裟、金缕袈裟、金色衣、黄金叠衣、金色叠衣。印度早已行之。金襕衣:佛陀传给迦叶尊者用来表信之袈裟。

③唾:作名词,意为口水。引申为话语、言论。

清逸居士

【禅师简介】

清逸居士潘兴嗣（1023—1100），字延之，南昌新建人，黄龙慧南禅师在家得法弟子，与王安石、曾巩相友善。以父汝士荫授将作监主簿，调德化（今九江县）尉。谒江州刺史许，虽有同郡之谊，但许竟踞坐不为礼，遂愤而归。筑室豫章城南，日读书其间，尝曰：我清世之逸民，故自号"清逸居士"，名其楼为"闲云楼"。宋神宗熙宁元年（1068）召为筠州（今高安）推官，辞而不就。隐居六十年，手植木皆十围。手抄书达数百卷，著有《西山文集》六十卷、《诗话补遗》一卷行世。

安有关吏

黄龙南禅师，室中常问僧曰："人人尽有生缘，上座生缘在何处？"

正当问答交锋，却复伸手曰："我手何似佛手？"

又问诸方参请宗师所得，却复垂脚曰："我脚何似驴脚？"

三十余年，示此三问，学者莫能契旨，天下丛林，目为三关。脱有酬者，师无可否，敛目危坐，人莫测其意。

南州潘兴嗣,尝问其故?师曰:"已过关者,掉臂径去,安知有关吏,从关吏问可否,此未透关者也。"

——《续传灯录》卷第十五

为师之道

当是时黄龙法道大振,四方学徒竭蹶恐后,虽自谓饱参者,至则抚然,就弟子之列。

嗣①问其故,南曰:"父严则子孝,今日之训,后日之范也。譬诸地隆者下之,洼者平之。彼将登于千仞之上,吾亦与之俱;困而极于九渊之下,吾亦与之俱。伎之穷则妄尽,而自释也。"

又曰:"妁之妪之,春夏之所以生育也;霜之雪之,秋冬之所以成熟也。吾欲无言得乎?"

——《居士分灯录》卷下

【注释】

①嗣:即清逸居士潘兴嗣。

云峰道圆禅师

【禅师简介】

南安军(今江西大庾)云峰道圆禅师,黄龙慧南禅师之法嗣,南雄(今广东境内)人。出家后,依黄檗山积翠庵慧南禅师参学。出世住南安云峰寺,不知所终。禅师生卒年限、法嗣弟子等不详。

野狐跳入金毛队

道圆禅师虽饱参而未大透彻,闻南禅师在黄檗积翠庵住,依之。一日燕坐下板,闻两僧举百丈野狐因缘:一僧云:只如不昧因果,也未脱得野狐身;一僧应声云:便是不落因果也,亦何曾堕野狐身耶。师闻其语,悚然异之,不自觉其身之起意行,上庵头过涧忽大悟。见南公叙其事,未终涕泪交颐,南公令就侍者榻熟寐。忽起作偈曰:因果不落不昧,僧俗本无忌讳。丈夫气宇如王,争受囊藏被盖。一条榔栗①任纵横,野狐跳入金毛队。南公见之大笑。

——《续传灯录》卷第十六

【注释】

①榔栗:亦作"榔枥"。木名,可为杖。后借为手杖、禅杖的代称。

照觉常总禅师

【禅师简介】

　　江州东林照觉常总禅师（1025—1091），俗姓施，剑州尤溪县（在今福建省）人，黄龙慧南禅师法嗣。年十一依宝云寺文兆法师出家，又八年落发，诣建州大中寺契恩律师受具。初至吉州禾山禅智材公，后投慧南禅师于归宗、石门、黄檗以至黄龙，二十年之间，凡七往返，南佳其勤劳称于众。总之名闻天子，诏住相国智海禅院，总固称山野老病不能奉诏，得赐紫伽黎，封号"广惠"；元祐三年徐国王奏，复封号"照觉禅师"。总于衲子有大缘，槌拂之下众盈七百，丛席之盛，近世所未有也，法嗣载于灯谱者凡六十二人，有泐潭应干、开先行瑛、万杉绍慈禅师、兜率志恩禅师、内翰苏轼居士等。元祐六年（1091）八月示疾，九月二十五日浴罢安坐而化，十月八日全身葬于雁门塔之东。世寿六十七，坐四十九夏。

白月现黑月隐

　　僧问："乾坤之内宇宙之间中有一宝秘在形山，如何是宝？"师曰："白月现黑月隐。"曰："非但闻名今日亲见。"师曰："且道宝在甚么处？"曰："古殿户开光灿烂,白莲池畔社中人。"师曰："别宝还他碧眼胡。"又僧出众提起坐具曰："请师答话。"师曰："放下着。"僧又作展势,师曰："收。"曰："昔年寻剑客,今朝遇作家。"师曰："这里是甚么所在。"僧便喝,师曰："喝老僧那？"僧又喝,师曰："放过又争得。"便打。

——《续传灯录》卷第十六

保宁圆玑禅师

【禅师简介】

金陵保宁寺圆玑禅师。福州林氏子,示寂,阇维有终不坏者二,糁以五色舍利塔于雨花台之左。师生卒年限、参学行止等不详,法嗣七人:台州真如戒香禅师、庆元府育王无竭净昙禅师、福州圆明载清禅师、常州南禅立崇禅师、建康府蒋山正觉文瑞禅师、潭州开福世暹禅师、吉州龙须怀宗禅师。

转身一路

僧问:"生死到来如何回避?"师曰:"堂中瞌睡、寮里抽解[1]。"曰:"便怎么时如何?"师曰:"须知有转身一路。"曰:"如何是转身一路?"师曰:"倾出尔脑髓,拽脱尔鼻孔。"曰:"便从今日无疑去也。"师曰:"作么生会?"曰:"但知行好事,不用问前程。"师曰:"须是恁么。"

——《续传灯录》卷第十六

【注释】

[1]抽解:(杂语)或于坐禅之中间,出僧堂而少休息,或新挂搭之人归寮安息,皆云抽解。

黄龙自庆禅师

> 【禅师简介】
> 黄龙自庆禅师,又名自庆藏主,黄龙慧南祖师法嗣。蜀人,丛林知名,遍参真如、普觉、晦堂诸大老。禅师生卒年限、参学行止、法嗣弟子等均不详。

一诟而卒

自庆藏主①者,游庐阜,入都城②,见法云圆通禅师③。与秀大师④偕行到法云⑤,秀得参堂⑥,以庆藏主之名达圆通。

通曰:"且令别处挂搭⑦,俟此间单位空,即令参堂。"

庆在智海⑧,偶卧病,秀欲诣问所苦,而山门无假⑨,乃潜出智海见庆。

庆以书白圆通,道秀越规矩出入。

圆通得书知之,夜参大骂:"此真小人!彼以道义⑩,故拼出院来讯汝疾。返以此告讦,岂端人正士所为!"

庆闻之,遂掩息。

丛林尽谓:庆遭圆通一诟而卒。

——《宗门武库》

【注释】

①藏主：就是寺院里管理大藏经的知事僧。

②庐阜：庐山。都城：这里指东京汴梁（今河南开封）。

③法云圆通禅师：东京法云寺法秀圆通禅师，天衣义怀禅师之法嗣，俗姓辛，秦州陇城（今甘肃秦安）人。

④秀大师：潭州大沩怀秀禅师，信州应氏子。黄龙慧南祖师法嗣。

⑤法云：法云寺，时圆通禅师为主持。

⑥参堂：禅林中指新加入僧堂之成员为参堂，亦即"初入堂"。

⑦挂搭：又作挂单、挂搭单、挂锡、挂褡、挂钵。僧人游方行脚，入僧堂挂其所携之衣被等于堂内之钩，有依住丛林之意味。又住持允许行脚人依住，称为许挂搭。《敕修百丈清规》卷八杨亿之古清规序："学众无多少、无高下，尽入僧堂依夏次安排，设长连床，施椸架挂搭道具。"依《敕修百丈清规》卷五游方参请条记载，求挂搭，依古规首到客司相看，次往堂司挂搭，送单位经案定，然后到侍司通覆，诣方丈礼拜之。现初到旦过，至客司，具威仪，知客接入，揖坐、烧香、吃茶、略询来历。复归旦过，知客不久即往回礼。又载："如求挂搭，参头领众回身，进住持前，禀云：'某等生死事大，无常迅速，久闻道风，特来依附，伏望慈悲收录。'禀讫不伺允否，即普触礼一拜云：'谢和尚挂搭。'"大抵较严厉之师家，均严格实行挂搭法，以试验新入之客僧。挂搭之时限，为八月一日开旦过，翌年之四月一日锁之；由四月至七月，此期间称为止挂搭，即不允许云衲之挂搭。

⑧智海：智海寺，当时大沩慕哲为该寺住持。

⑨山门无假：山门，佛教寺院的外门。此处意为不准出寺院。

⑩道义：此处指人际交往中的道德。

大沩颖诠禅师

【禅师简介】

潭州大沩颖诠禅师,黄龙慧南禅师法嗣。禅师生卒年限、参学行止、法嗣弟子等均不详。

归去西天

僧问:"古镜①未磨时如何?"师曰:"黑漫漫地。"僧云:"磨后如何?"师曰:"烁破顶门。"又问:"如何是祖师西来意?"师曰:"广州上船。"僧云:"意旨如何?"师曰:"少林面壁。"僧云:"学人不会。"师曰:"归去西天。"

——《续传灯录》卷第十六

【注释】

①古镜:镜之功能,能映现一切万物,无有差别,故禅宗以之比喻佛性。

九嶷山法明禅师

【禅师简介】

安州九嶷山法明禅师,黄龙慧南禅师法嗣。禅师生卒年限、参学行止、法嗣弟子等均不详。

用力者失

僧问:"宝坐既临于此日,请师一句露尖新。"师曰:"言中有响。"僧云:"皋鹤连天叫,金乌①绕木飞。"师曰:"识取话头。"又问:"到宝山中空手回时如何?"师曰:"用力者失。"僧云:"途中用尽意,懡㦬却回归。"师曰:"切忌道着。"

——《续传灯录》卷第十六

【注释】

①金乌:即三足乌,又称三足金乌,是古代汉族神话传说中驾驭太阳车的神鸟。金乌形象原是二足,西汉后期演变为三足。传古代人看见太阳黑子,认为是会飞的黑色的鸟——乌鸦,又因为不同于自然中的乌鸦,加一脚以辨别。三足乌亦称"踆乌",居于日中。

廉泉昙秀禅师

> 【禅师简介】
> 廉泉昙秀禅师,黄龙慧南禅师法嗣。禅师生卒年限、参学行止、法嗣弟子等均不详。

杀人不用刀

僧问:"满口道不得时如何?"师曰:"话堕也。"问:"不与万法为侣时如何①?"师曰:"自家肚皮自家画。"问:"如何是学人转身处?"师曰:"扫地浇花。"曰:"如何是学人亲切处。"师曰:"高枕枕头。"曰:"总不恁么时如何?"师曰:"莺啼岭上、花发岩前。"问:"如何是衲僧口?"师曰:"杀人不用刀。"

——《续传灯录》卷第十六

【注释】

①不与万法为侣时如何:庞蕴居士公案。居士与马祖初相见时,尝问:"不与万法为侣者是什么人?"马祖答:"待汝一口吸尽西江水,即向汝道。"居士言下豁然大悟,复呈一偈:"十方同一会,各各学无为,此是选佛处,心空及第归。"庞蕴,字道玄,又称庞居士,唐衡阳郡(今湖南省衡阳市)人。被誉称为达摩东来开立禅宗之后"白衣居士第一人",素有"东土维摩"之称。

花药元恭禅师

【禅师简介】

衡州花药元恭禅师,黄龙慧南禅师法嗣。禅师生卒年限、参学行止、法嗣弟子等均不详。

一任众人观

僧问:"如何是道?"师曰:"通身无障碍。"僧云:"如何是道中人?"师曰:"来往任纵横。"问:"莲华未出水时如何?"师曰:"枝叶甚分明。"僧云:"出水后如何?"师曰:"一任众人观。"僧云:"天地若教出,池塘焉敢藏?"师曰:"莫妄想。"问:"兆象①未生时如何?"师曰:"波斯读梵书。"僧云:"生后如何?"师曰:"胡僧笑点头。"僧云:"欲生未生时如何?"师曰:"洗脚上渔船。"僧云:"全因今日也。"师曰:"梳头不洗面。"

——《续传灯录》卷第十六

【注释】

①兆象:征兆迹象。 汉代王充《论衡·实知》:"性敏才茂,独思无所据,不睹兆象,不见类验。"

登云山超乃禅师

【禅师简介】
桂州登云山超乃禅师，黄龙慧南禅师法嗣。禅师生卒年限、参学行止、法嗣弟子等均不详。

看脚下

僧问："未审云如何登？"师曰："榔栗横担不顾人。"僧云："山高巉险如何上？"师曰："直往千峰万峰去。"僧云："便是为人处也无？"师曰："看脚下。"僧云："谢师指示。"师曰："险。"复曰："登云山大巉险。"良久曰："山僧今日平地上吃交。"

——《续传灯录》卷第十六

黄檗积翠永庵主

【禅师简介】

黄檗积翠永庵主，黄龙慧南禅师法嗣。生卒塔藏不详，法嗣一人：清平楚金禅师。

明暗相参

又尝问僧审奇："汝久不见何所为？"奇云："见伟藏主①有个安乐处。"师曰："试举似我。"奇因叙其所得，师曰："汝是伟未是。"奇莫测，归以语伟②，伟大笑云："汝非永不非也。"奇走积翠质之于南公，南③亦大笑。师④闻之作偈曰：

明暗相参杀活机，大人境界普贤知。

同条生不同条死，笑倒庵中老古锥。

——《指月录》卷之二十七

【注释】

①伟藏主②伟：均指袁州仰山行伟禅师。

③南公、南：均指时在黄檗山积翠寺当住持的黄龙慧南祖师。

④师：这里指黄檗积翠永庵主。

报本慧元禅师

【禅师简介】

报本慧元禅师（1037—1091），黄龙慧南禅师法嗣。俗姓倪，广东揭阳人，民国《潮州志·丛谈·人部》记为潮州人，到京师，华严圆明禅师（即道隆）见而异之。后任湖州报本寺住持，两年后圆寂。三十年后政和年间，宋徽宗看到其"白云散尽青山外，万里秋空片月新"的诗句，极为欣赏，特谥"证悟禅师"，塔为"定应"，其旁赦建显化寺以奉香火。嗣法弟子八人，有永安元正禅师、凤皇德亨禅师、慧林政禅师、凤皇德亮禅师、高峰圆修禅师、景德院证禅师等。

龙头蛇尾

参黄龙，师每坐下板，辄自引手反覆视之曰："宁有道理而云似佛手？知吾家揭阳，而乃复问生缘何处乎？"久而顿释其疑。一日为达上座咨问入室，龙曰："既是达了，为甚么更来？"师曰："事不厌细。"龙曰："你便打赶出去，不是做得老僧侍者。"师曰："不得一句。"龙遂行入方丈，师曰："大小黄檗，龙头蛇尾。"龙笑而已。

——《指月录》卷之二十七

泐潭善清禅师

【禅师简介】

　　隆兴府（今南昌）泐潭草堂善清禅师（1059—1142），黄龙二世晦堂宝觉祖心禅师之法嗣，俗姓何，南雄州（今广东南雄）人。出家后，游方参学初礼潭州大沩慕哲真如禅师。慕哲禅师是翠岩可真禅师之法嗣。善清禅师于大沩座下参学有年，却一无所得，于是又前往洪州参黄龙祖心禅师，终得印可。法嗣有黄龙山堂道震禅师、万年雪巢法一禅师、雪峰东山慧空禅师、育王野堂普崇禅师等。

悟禅四器

　　开堂上堂，举浮山远和尚云："欲得英俊么？仍须四事俱备，方显宗师蹊径。何谓也？一者祖师巴鼻[①]，二具金刚眼睛[②]，三有师子爪牙[③]，四得衲僧杀活[④]。拄杖得此四事，方可纵横变态任运卷舒，高耸人天壁立千仞。倘不如是守死善道者，败军之地；何故棒打石人，贵论实事。是以到这里得不，修江[⑤]耿耿大野云凝，绿竹含烟青山锁翠。风云一致水月齐观，一句该通已彰残朽。"师曰："黄龙今日出世，时当末季佛法浇漓。不用祖师巴鼻，不用金刚眼睛，不用师子爪牙，不用杀活拄杖，只有一枝拂子以为蹊径，亦能纵横变态任运卷舒，亦能高耸入天壁立千仞。有时逢强即弱，有时遇贵即贱，拈起则群魔屏迹佛祖潜踪，放下则合水和泥、圣凡同辙。且道，拈起好放下好？竿头丝线从君弄，不犯清波意自殊。"上堂："色心不异彼我无差。"竖起拂子曰："若唤作拂子入地狱如箭，不唤作拂子有眼如盲。直饶透脱两头，也是黑牛卧死水。"

——《续传灯录》卷第二十二

【注释】

①巴鼻：禅林用语。又作把鼻、巴臂、把臂。巴即把，鼻指牛鼻。即穿绳于牛鼻，以牵制之。其后转为可把持之处，犹言根据、把柄。

②金刚眼睛：指目光锐利能洞彻原形的眼睛。出自宋代严羽《沧浪诗话·诗法》："看诗须着金刚眼睛，庶不眩于旁门小法。"

③师子：即狮子，亦称狻猊。佛家用以喻佛，指其无畏，法力无边。

④杀活：（1）谓死与生。（2）指定人之死活。（3）指下棋时的杀着与活路。

⑤修江：即修河。江西四大河流之一，全长七百余里。发源于修水黄龙山也即黄龙宗的发祥地，其祖庭黄龙寺就在黄龙山东麓。

参禅秘诀

初谒大沩哲禅师无所得，后谒黄龙①。龙②示以风幡话③，久而不契。一日龙问："风幡话子作么生会？"师曰："迥无入处乞师方便。"龙曰："子见猫儿捕鼠乎？目睛不瞬、四足踞地、诸根顺向、首尾一直、拟无不中，子诚能如是、心无异缘、六根自静、默然而究、万无失一也。"师从是屏去闲缘岁余，豁然契悟。以偈告龙曰：随随随、昔昔昔，随随随后无人识。夜来明月上高峰，元来只是这个贼。龙颔之。复告之曰："得道非难弘道为难，弘道犹在己，说法为人难。既明之后在力行之。大凡宗师说法，一句中具三玄，一玄中具三要。子入处真实，得坐披衣向后自看，自然七通八达去。"师复依止七年，乃辞遍访丛林，后出世黄龙、终于泐潭。

——《续传灯录》卷第二十二

【注释】

①②黄龙、龙：此处均指黄龙晦堂祖心禅师。

③风幡话：著名禅宗公案。《坛经》中云："时有风吹幡动。一僧曰风动，一僧曰幡动，议论不已。慧能进曰：'非风动，非幡动，仁者心动。'"

草堂得也

草堂与师①邂逅于临川。

韩子苍②请师过私第，问曰："清公如何？"

师云："向闻其拈庞居士问马大师'不与万法为侣'因缘，清云：'鱼龙虾蟹向甚么处着'，若如此，亦浪得③其名。"

子苍持此语达草堂，堂曰："公向他道：'譬如一人船行、一人陆行，二人俱至。'"

师闻此语，乃曰："草堂得也。"

——《宗门武库》

【注释】

①师：这里指《宗门武库》的作者大慧宗杲禅师。

②韩子苍：韩子苍居士。

③得：得到，引申为佛教里得道、开悟、明了禅宗玄旨。

东坡居士

【居士简介】

苏东坡（1037—1101），字子瞻，黄龙宗二世庐山东林寺照觉常总禅师之在家得法弟子（载《五灯会元》卷第十七、《嘉泰普灯录》卷六、《续传灯录》卷第二十），号"东坡居士"，眉州眉山（今属四川）人。嘉祐进士，曾任礼部尚书、中书舍人、翰林学士等官职。与黄龙派弟子宝峰克文、泐潭洪英、云居元祐等多有交往，还曾与许多禅师斗试机锋，曾自言前身是个僧人。著有《苏轼诗集》《东坡文集》《东坡乐府》等。

一喝多重

内翰东坡居士因宿东林与照觉论无情话有省，黎明献偈曰：

溪声便是广长舌①，山色岂非清净身。
夜来八万四千偈，他日如何举似人。

未几抵荆南，闻玉泉皓禅师②机锋不可触，公拟仰之。即微服求见，泉问："尊官高姓？"公曰："姓秤。乃秤天下长老的秤。"

泉喝曰:"且道这一喝重多少?"公无对,于是尊礼之。后过金山有写公照容者,公戏题曰:

心似已灰之木,身如不系之舟。
问汝平生功业,黄州惠州琼州。

——《续传灯录》卷第二十

【注释】

①广长舌:指佛的舌头。据说佛舌广而长,覆面至发际,故名广长舌。《大智度论》卷八:"是时佛出广长舌,覆面上至发际,语婆罗门言:汝见经书,颇有如此舌人而作妄语不?"

②玉泉皓禅师:承皓禅师(1011—1091),北宋禅僧,眉州(今四川眉山)丹棱县人,俗姓王。也称为荆门军玉泉承皓禅师。承皓禅师的事迹主要见于《佛学大词典》《荆门玉泉皓长老塔铭》和《续传灯录》等。

死心悟新禅师

【禅师简介】

隆兴府黄龙死心悟新禅师（1044—1115），俗姓黄（一作王），韶州曲江人，自号"死心叟"，黄龙祖心禅师法嗣。悟新禅师天生左肩上有一块紫肉，右袒如穿僧伽梨状，众人皆谓他是过来人。悟道后继席黄龙，学人云集，多所成就，与黄庭坚等人交好。茶毗设利五色，后有过其区所者，获之尤甚，塔于晦堂丈室之北。有《死心悟新禅师语录》传世。法嗣一十六人：有禾山慧方禅师、南荡法空禅师、九顶慧泉禅师、上封祖秀禅师、性空妙普庵主、钟山道隆禅师、扬州齐谧首座、空室智通道人等。

不二法门（触背关）

熙宁八年，死心悟新禅师至黄龙谒晦堂，堂竖拳问曰："唤作拳头则触[1]，不唤作拳头则背[2]。汝唤作甚么？"师罔措，经二年，方领解。然尚谈辩，无所抵牾，堂患之。偶与语，至其锐，堂遽曰："住！住！说食岂能饱人？"师窘，乃云："某到此弓折箭尽，望和尚慈悲，指个安乐处。"堂曰："一尘飞而翳天，一芥堕而翳地，安乐处政忌上座许多骨董[3]，直须死却无量劫来全心乃可耳。"师趋出。一日，默坐下板，闻知事抚行者，而迅雷忽震，即大悟，趋见晦堂，忘纳其履。即自誉曰："天下人总是参得底禅，某是悟得底。"堂笑曰："选佛得甲科，何可当也。"因号"死心叟"。

——《嘉泰普灯录》卷六

【注释】

①触：有抵触、不圆融。

②背：背离。

③骨董：古董、古玩的旧称。比喻琐屑过时的旧知识或陈旧迂腐的内容、文辞等。宋代严羽《沧浪诗话·诗法》："最忌骨董，最忌趁贴。"

长底自长，短底自短

初谒栖贤秀铁面。

秀问："上座甚处人？"

对曰："广南韶州。"

对问："曾到云门否？"

对曰："曾到。"

对问："曾到灵树否？"

对曰："曾到。"

秀曰："如何是灵树枝条？"

对曰："长底自长，短底自短。"

秀曰："广南蛮①莫乱说！"

新曰："向北驴只恁么！"拂袖而出。秀器之，而新无留意，乃之黄龙谒宝觉禅师。

——《续传灯录》卷第二十二

【注释】

①广南蛮：古代中原人对两广一带人的蔑称。

两堆灰

山谷谒云岩死心新禅师，随众入室。心见张目问曰："新长老死学士死，烧作两堆灰，向甚么处相见？"公无语，心约出曰："晦堂处参得底，使未着在①。"后左官黔南道力愈胜，于无思念中顿明死心所问，报以书曰："往年尝蒙苦苦提撕②，长如醉梦依稀在光影中，盖疑情不尽命根③不断故，望崖而退耳。谪官在黔南道中昼卧觉来忽尔寻思：'被天下老和尚谩了多少？唯有死心道人不肯，乃是第一相为也，不胜万幸。'"

——《五灯会元》卷第十七

【注释】

①未着在：在这里用不上。

②提撕：教导；提醒。

③命根：佛教语。谓由前世之业所决定的维持今生寿命的依据，也泛指寿命。

吃粥吃饭处见

谒法昌遇禅师，遇问："近离甚处？"对曰："某甲自黄龙来。"遇云："还见心禅师么？"对曰："见。"遇曰："什么处见？"对曰：

"吃粥吃饭处见。"遇插火箸于炉中云:"者个又作么生?"新拽脱火箸便行。

——《续传灯录》卷第二十二

非凡非圣

师①依祖心久之去游湘西,是时哲禅师②领岳麓,新往造焉。哲问:"是凡是圣?"对曰:"非凡非圣。"哲曰:"是什么?"对曰:"高着眼。"哲曰:"恁么则南山起云北山下雨?"对曰:"且道是凡是圣?"哲曰:"争奈头上漫漫脚下漫漫。"新仰屋作嘘声,哲曰:"气急杀人。"对曰:"恰是。"拂袖便出。

——《续传灯录》卷第二十二

【注释】

①师:这里指死心悟新禅师。

②哲禅师:潭州大沩慕哲真如禅师,俗姓闻,临川人。其母在孕育他时,夜梦神僧授以宝镜,分娩时,白光照室。及长,祝发于南丰县城永安寺,即今之寿昌寺。云游诸方,参临济宗石霜楚圆法嗣翠岩可真禅师,言下大悟,充可真侍者,为南岳下十二世。

夹山晓纯禅师

【禅师简介】

澧州夹山灵泉院晓纯禅师,黄龙祖心禅师法嗣。禅师生卒年限、参学行止、法嗣弟子等均不详。

三兽形

尝以木刻作一兽:师子头、牛足、马身。每升堂时持出示众曰:"唤作师子又是马身,唤作马身又是牛足,且道毕竟唤作甚么?"令僧下语莫有契者。师示颂曰:"轩昂师子首,牛足马身材。三道如能入,玄门①叠叠开。"

——《续传灯录》卷第二十二

【注释】

①玄门:是对佛门的另一种称呼,佛门又作释门、法门、缁门、玄门、真门、道门、空门、谛门、祖门、宗门。其中大部分是从道教中借鉴而来。玄门又指玄妙之法门、深奥之妙理,亦为佛法之总称。

龟山晓津禅师

> **【禅师简介】**
> 泗州龟山水陆院晓津禅师，黄龙祖心禅师法嗣。福州人也，禅师生卒年限、参学行止、法嗣弟子等均不详。

许由洗耳

僧问："如何是宾中宾[①]？"师曰："巢父饮牛。"曰："如何是宾中主？"师曰："许由洗耳。"曰："如何是主中宾？"师便喝。曰："如何是主中主？"师曰："礼拜了退。"

——《续传灯录》卷第二十二

【注释】

①宾中宾：临济四宾主句。唐代临济义玄禅师提出四句宾主，为临济根本思想之一，旨在以四句料简提示禅机。即指导学人时，师家与学人之关系有四种：（一）宾看主，即学人透知师家之机略。（二）主看宾，即师家能透知学人之内心。（三）主看主，即具有禅机禅眼者相见。（四）宾看宾，即不具眼目之两者相见。

其后，风穴延沼禅师将上记四语改称为"宾中主、主中宾、主中主、宾中宾",其义亦同。《景德传灯录》卷十三：问："如何是宾中主？"师曰："入市双瞳瞽。"曰："如何是主中宾？"师曰："回銮两曜新。"曰："如何是宾中宾？"师曰："攒眉坐白云。"曰："如何是主中主？"师曰："磨砻三尺刃，待斩不平人。"

黄龙如晓禅师

【禅师简介】

洪州黄龙如晓禅师,黄龙祖心禅师法嗣。禅师生卒年限、参学行止、法嗣弟子等均不详。

山连幕阜、水泻洞庭

僧问:"有客远方来,示我径寸璧。如何是径寸璧?"

师曰:"千峰排翠色。"

僧云:"便恁么时如何?"

师曰:"万卉长威棱。"

又问:"如何是黄龙境①?"

师曰:"山连幕阜②,水泻洞庭③。"

僧云:"如何是境中人?"

师曰:"形容虽丑陋,出语便成章。"

又问:"语默涉离微,如何通不犯?"

师曰:"山花开似锦,涧水湛如蓝。"

僧云:"谢师答话。"

师曰:"向道莫行山下路,分明只在路旁生。"

——《续传灯录》卷第二十二

【注释】

①境：心所游履和攀缘的境界，如色为眼识所游履，叫做色境，法为意识所游履，叫作法境等是。

②幕阜：即黄龙山，亦名幕阜山，又称天岳、辅山、桓山，主峰位于江西省修水县黄龙乡，海拔一千五百一十二米，为湘、鄂、赣三省边界最高峰，东北接江西修水，西抵湖北通城，南临湖南平江。黄龙宗祖庭黄龙寺就在山的东面修水黄龙乡内。

③水泻洞庭：黄龙山"一水发三江"，分别是南流为渎水，即湖南境内的汨罗江；西流为隽水，即湖北境内的隽河；东流为修水，即江西境内的修河。因汨水经修水县，过平江、岳阳，汇入洞庭湖，故说"水泻洞庭"。

灵源惟清禅师

【禅师简介】

隆兴府黄龙灵源惟清禅师,黄龙二世宝觉祖心禅师法嗣。俗姓张(一说陈),字觉天,武宁(江西)人。初入黄龙山崇恩寺,任祖心禅师侍者,人称"清侍者",得印可,住持灵源寺,自号"灵源叟"。张商英曾力聘惟清主持豫章观音寺,力辞不就。佛印了元再主云居山时,惟清往参,任首座。开堂演法,接纳学子,道誉四驰。晚归黄龙山,卒葬本寺。与同代权臣名士张商英、黄庭坚均为至交。法嗣十八人,有长灵守卓禅师、上封本才禅师、法轮应端禅师、百丈以栖禅师、博山子经禅师、黄龙德逢禅师、先孝昙清禅师、光孝德周禅师、寺丞戴道纯居士、满月宁禅师、法轮实禅师、天宁宗觉禅师等。

拾鞋悟道

师至黄龙,虽与众作息,而问答茫然。偶阅玄沙语[①],倦即经行,步促遗履,俯取之,乃大悟。以告宝觉,觉曰:"从缘入者,永无退失。"于是名卿宿衲师友之,屡以名山见邀,坚不许。淮南漕朱公京以舒之太平力请,乃屑就,道俗争迎之,次迁黄龙。

——《嘉泰普灯录》卷第六

【注释】

①玄沙语：即《玄沙师备禅师语录》。玄沙：唐福州玄沙山宗一禅师，名师备。少年为渔者，年三十，忽慕出家，投芙蓉之训禅师，剃发受具。寻就雪峰之存禅师契悟玄旨，初住普应院，后迁玄沙。闽主以师礼待之，学徒八百余。梁太祖开平二年寂，寿七十五。

万书非道

枢密徐俯①及丁父忧，念无以报罔极，请灵源归孝址说法。源登座问答已，乃曰："诸仁者，只如龙图读万卷书，如水传器，涓滴不遗。且道，寻常着在甚么处？而今舍识之后，这着万卷书底，又却向甚么处着？"公闻洒然有得，遂曰："吾无憾矣！"源下座问曰："学士适来见个甚么？便恁么道？"公曰："若有所见，则钝置②和尚去也。"源曰："恁么则老僧不如。"公曰："和尚是何心行？"源大笑。

——《指月录》卷三十、徐俯《东湖集》

【注释】

①枢密徐俯：徐俯居士（1075—1141），字师川，号东湖居士，洪州分宁（今江西修水）人。以父徐禧死于国事而授通直郎，累官至司门郎，翰林学士，擢端明殿学士、签书枢密院事。

②钝置：亦作"钝致"。折磨；折腾。《五灯会元·宝峰文禅师法嗣·泐潭文准禅师》："药山云岩钝置杀人，两父子弄一个师子，也弄不出。"

青原惟信禅师

【禅师简介】

吉州青原惟信禅师,黄龙晦堂宝觉祖心禅师法嗣。生卒年限不详,法嗣弟子五人:正法希明禅师、梁山欢禅师、岳山祖庵主、浮山光选禅师、昭觉符禅师。

山水三境界

青原惟信禅师上堂:"老僧三十年前未参禅时,见山是山见水是水;及至后来亲见知识有个入处①:见山不是山,见水不是水;而今得个休歇处②:依然见山只是山,见水只是水。大众这三般见解是同是别?有人缁素③得出,许汝亲见老僧。"

——《续传灯录》卷第二十二

【注释】

①入处②休歇处:指长期的苦修参学后达到的开悟、洞达的境界。

③缁素:黑和白。缁:黑色;素:白色。缁素得出:即说得清黑白,说得明道理。

山谷居士

【居士简介】

太史山谷居士黄庭坚（1045—1105），黄龙宗二世祖心禅师的在家得法弟子（载《五灯会元》卷第十七、《嘉泰普灯录》卷六、《续传灯录》卷第二十二），字鲁直，自号"山谷道人"，晚号"涪翁"，洪州分宁（今江西修水）人。治平（1064—1067）进士。宋哲宗时以校书郎为《神宗实录》检讨官，迁著作佐郎，后因修史"多诬"遭贬。早年以诗文受知于苏轼，与张耒、晁补之、秦观并称"苏门四学士"。与苏轼齐名，世称"苏黄"。诗以杜甫为宗，有"夺胎换骨""点铁成金"之论，风格奇硬拗涩，开创了江西诗派，在宋代影响颇大。又能词，兼擅行书、草书，为"宋四家"之一。有《山谷集》《山谷琴趣外篇》等存世。

艳词泥犁

山谷居士以般若夙习，虽腆仕[1]澹如也，出入宗门未有所向，好作艳词。尝谒圆通秀禅师[2]，秀呵曰："大丈夫翰墨之妙甘施于此乎？"

秀方戒李伯时画马事，公诮之曰："无乃复置我于马腹中耶？"

秀曰："汝以艳语动天下人淫心，不止马腹中，正恐生泥犁耳！"

公悚然悔谢，由是绝笔惟孳孳于道，著《发愿文》，痛戒酒色，但朝粥午饭而已。

——《续传灯录》卷第二十二

【注释】

①膴仕：高官厚禄。

②圆通秀禅师：东京法云寺法秀圆通禅师，天衣义怀禅师之法嗣，俗姓辛，秦州陇城（今甘肃秦安）人。

保福本权禅师

【简介禅师】

漳州保福本权禅师,黄龙宝觉晦堂祖心禅师法嗣。临漳(河北省邯郸市)人也,性质直而勇于道,乃于晦堂举拳处彻证根源,机辩捷出。禅师生卒年限、参学行止、法嗣弟子等均不详。

山谷挨打

黄山谷初有所入,问晦堂:"此中谁可与语?"

堂曰:"漳州权。"师方督役开田,山谷同晦堂往,致问曰:"直岁①还知露柱②生儿么?"

保福本权禅师:"是男是女?"

黄山谷拟议,师挥之。堂谓曰:"不得无礼。"

保福本权禅师说:"这木头不打,更待何时?"

黄大笑。

——《续传灯录》卷第二十二

【注释】

①直岁：佛教僧职。禅宗寺院东序六知事之一，掌营缮耕耘。宋代王安石《万宗泉记》："僧道光得泉之三年，直岁善端治屋龙井之西北，发土得酒泉二，万宗命沟井而合焉。"

②露柱：指旌表门第立柱柱端的龙形部分。《敦煌变文集·丑女缘起》："两脚出来如露柱。"

泐潭宝峰应干禅师

【禅师简介】

洪州泐潭宝峰应干禅师（1033—1096），东林照觉常总禅师法嗣。姓彭氏，袁州萍乡人。遍历诸方，晚至照觉禅师泐潭法席，久之未蒙印可。示以鸟窠吹布毛因缘，殊不晓解，一日豁然悟旨，觉乃可之。自此推为上首，道行大播。照觉受命东林，师继法席。师绍圣三年九月庚子示疾，沐浴净发，写偈、言毕而逝。法嗣一十八人：龙牙宗密禅师、圆通道旻禅师、天童普交禅师、东禅从密禅师、胜因咸静禅师、二灵知和庵主、兴化可都禅师、道吾楚芳禅师等。

更须高着眼

僧问："十方薄伽梵①一路涅槃门②，未审路头③在什么处？"师曰："踏着石头硬似铁。"僧云："还许学人进步也无？"师曰："点滴依前落二三。"问："得旨忘言归家稳坐，未审到家一句作么生道？"师曰："闲看白云生碧落，静听流水过青山。"僧云："玉见火时光转润，莲花在水叶长干。"师曰："更须高着眼。"

——《续传灯录》卷第二十

【注释】

①薄伽梵：为佛陀十号之一，诸佛通号之一。又作婆伽婆、婆伽梵、婆哦缚帝。意译有德、能破、世尊、尊贵。即有德而为世所尊重者之意。在印度用于有德之神或圣者之敬称，具有自在、正义、离欲、吉祥、名称、解脱等六义。

②涅槃门：（1）指极乐净土。极乐净土乃证得涅槃妙果之处，故称为涅槃门。（2）指念佛、信心等。净土宗强调念佛与信心，并谓以之可证涅槃之果，故称之为涅槃门。（3）葬所四门之一。此系本自密教金刚、胎藏两界曼荼罗均有四方四门之说，其中，北方为涅槃门。

③路头：（1）犹道路、路线；（2）路口；（3）门路、出路；（4）喻指某种发展趋势或情况。

渠无面目

问："孤贫①赫赤，一物俱无，还识渠么？"师曰："不识。"僧云："每日上来下去为甚不识？"师曰："渠无面目。"僧云："与和尚同参去也。"师曰："同参事怎生？"僧云："学人到这里却不会。"师曰："直须与么？"

——《续传灯录》卷第二十

【注释】

①孤贫：孤苦贫寒。

煮炸不烂

因浴佛①僧问："佛身无为不堕诸数②，哪个是真佛？"师曰："杀好一问。"僧云："铜铁之象且致，今日浴哪个佛？"师曰："煮炸不烂。"问："金毛③踞地百兽潜踪，学人上来乞师指示。"师曰："脑裂。"僧云："学人未晓？"师曰："犹自不知休。"僧云："谢师指示。"师曰："大众笑尔。"

——《续传灯录》卷第二十

【注释】

①浴佛：浴佛节是佛教重要节日之一，又称佛诞日，根据习俗，这一天佛教寺院内都要举行"浴佛"活动，该活动的主旨是提醒人们时时要保有一颗清净心，观照自己的心是否清净。

②诸数：数，法数，即法门之数。诸数，总称有为之诸法。因诸法有各种差别之法数，故称诸数。

③金毛：泛指狮子。因为狮子的毛发通常呈金色，故以金毛借指狮子。

须是具眼

问："春风拂拂春鸟关关，香严竹方翠灵云花未残。正当恁么时如何？"师曰："千峰竞秀万壑争流。"僧云："时节既彰祖意教意如何显异？"师曰："基法师鼻孔。"僧云："马驹踏杀天下人①，居士吸尽西江水②。"师曰："须是具眼。"

——《续传灯录》卷第二十

【注释】

①马驹踏杀天下人：怀让禅师初谒六祖大师时，六祖说，西天竺的般若罗曾经预言"汝足下出一马驹，踏杀天下人"，马驹：指马祖道一禅师。

②居士吸尽西江水：原是一气呵成、贯通万法的意思。后形容人操之过急，想一下子就达到目的。出自释道原《景德传灯录·居士庞蕴》："后之江西，参问马祖云：'不与万法为侣者是什么人？'祖云：'待汝一口吸尽西江水，即向汝道。'"

万杉院绍慈禅师

> **【禅师简介】**
>
> 庐山万杉院绍慈禅师，东林常总禅师之法嗣，俗姓赵，桂州（今桂林）人。久参总禅师得印可，先为东林上首，后出世万杉。法嗣二人：白马元禅师、德章山楚当禅师。

法传无声

一日侍立次，问："世尊付金襕外别传何物？"总举起拂子，师曰："毕竟作么生？"总以拂子蓦口打，师拟开口，总又打。师忽然有省，遂夺拂子礼拜，总云："汝见何道理？"师曰："拂子属某甲了。"总云："三十年老将，今日被小卒折倒。"自此名声藉藉，推为东林上首，遂出世万杉。

——《续传灯录》卷第二十

特地光辉

僧问："解接无根树①，能挑海底灯，意旨如何？"师曰："特地光辉。"僧云："兔角②点开千圣③眼，龟毛④拂尽九衢⑤尘。"师曰："寒山⑥拊掌⑦。"僧云："好手手中呈好手，红心心里射红心。"师曰："阇梨还接得也未？"僧云："莲社⑧老师亲得旨，人间天上尽蒙恩。"师曰:"蹉却话头。"

——《续传灯录》卷第二十

【注释】

①无根树:形容超越情识之境界。《景德传灯录》卷二十三石门慧彻章:问:"如何是和尚家风?"师曰:"解接无根树,能挑海底灯。"

②兔角:(譬喻)愚人误以兔耳为角,实则无角也,以譬物之必无。《楞严经》曰:"无则同于龟毛兔角。"《智度论》一曰:"有佛法中方广道人言:一切法不生不灭,空无所有,譬如兔角龟毛常无。"

③千圣:指前所出世之诸佛列祖。

④龟毛:意思是龟生毛,后比喻不可能存在或有名无实的东西。龟本无毛,兔亦无角,然龟游水中,身沾水藻,人视之则误认水藻为龟毛,又如误认直竖之兔耳为兔角;故诸经论每以"龟毛兔角"比喻有名无实,或现实中全然不存在之事物;亦即凡夫对实我实法之妄执。《成实论》卷二:"世间事中,兔角、龟毛、蛇足、盐香、风色等,是名无。"

⑤九衢:纵横交叉的大道;繁华的街市。

⑥寒山:僧名,在唐朝与拾得大师隐居于天台山的国清寺,相传寒山是文殊的化身,拾得是普贤的化身。

⑦拊掌:拍手,鼓掌,也作抚掌。表示欢乐或愤激。《后汉书·方术传下·左慈》:"因求铜盘贮水,以竹竿饵钓于盘中,须臾引一鲈鱼出,操大拊掌笑,会者皆惊。"

⑧莲社:东晋庐山东林寺净土宗高僧慧远,与刘遗民等僧俗十八贤结社念佛,因寺中有白莲池,池有白莲,因号"莲社",亦曰"白莲社"。

须知痛痒

问:"千圣共传无底钵,曹溪①路上许谁同。如何是无底钵?"师曰:"千人趁不出。"僧云:"万里游沧海,忻逢倒岳波。"师曰:"不是弄潮人。"问:"祖师心印状似铁牛之机,正当恁么时印即是不印即是。"师曰:"看取炉中铁弹子。"僧云:"忽然打破又作么生?"师曰:"须知痛痒。"僧云:"今日得遇和尚。"师曰:"语脉里转却。"

——《续传灯录》卷第二十

【注释】

①曹溪:禅宗南宗别号。以六祖慧能在曹溪宝林寺演法而得名。曹溪被视为"禅宗祖庭"。曹溪水常用以喻指佛法。

圆通可仙禅师

【禅师简介】

庐山圆通可仙禅师,东林照觉常总禅师法嗣。禅师生卒年限、参学行止、法嗣弟子等均不详。

骑牛觅牛

僧问:"如何是佛?"师曰:"骑牛觅牛。"僧云:"争奈学人不会?"师曰:"参取不会底。"

——《续传灯录》卷第二十

慧力可昌禅师

【禅师简介】
　　临江军慧力可昌禅师，东林照觉常总禅师法嗣。禅师生卒年限、参学行止、法嗣弟子等均不详。

无下手处着力

　　僧问："佛力①法力②即不问，如何是慧力③？"师曰："踏倒人我山，扶起菩提树。"僧云："菩提本无树，向什么处下手？"师曰："无下手处正好着力。"僧云："今日得闻于未闻。"师曰："莫把真金唤作鍮④石。"问："一念万年十方坐断，学人特伸请益。"师曰："先付德山后与临济。"僧云："悔伸一问。"师便打。

　　　　　　　　　　　　　　——《续传灯录》卷第二十

【注释】
　　①佛力：佛教徒认为佛法有救济众生的功力，谓之佛力。南朝梁武帝《以李胤之得牙像赦诏》："宜承佛力，弘兹宽大。"元代何中《照武西塔上报恩寺》诗："始知佛力宏，能使地灵现。"明代李贽《史纲评要·南宋纪·高宗》："潜善这等有福，佛力耶？"
　　②法力：原指佛法的除妄伏魔之力，后泛指超人的神力。语出

《维摩经·佛国品》:"法王法力超群生,常以法财施一切。"法力是施展法术的力量源泉。可通过冥想或者吸收魔晶石来补充回复。随着锻炼,最大法力值可以获得提升。

③慧力:五力之一。言智慧有能除烦恼之力用也。

④钜:古同"鍮",黄铁矿、黄铜矿等一类黄色而有光泽的矿石。

一点水墨两处成龙

问:"祖意西来请师举唱。"师曰:"达磨当年无如是事。"僧云:"和尚莫教话堕。"师曰:"却被上人勘破。"僧云:"争奈文彩已彰。"师曰:"向尔道。"问:"祖意教意是同是别?"师曰:"一点水墨两处成龙。"僧云:"怎么则'寒潭浪静苍龙宿,玉叶婆娑彩凤栖'?"师曰:"先记摩腾①后思卢老②。"问:"摩竭正令③此日全提,如何是摩竭正令?"师曰:"喝散白云击破虚空。"僧云:"怎么则冲开法王④阵,打破祖师关⑤?"师曰:"更须着力。"僧云:"若然者让老马驹初出厩,存师圣箭乍离弦。"师曰:"也不消得。"僧云:"灼然水洒不着。"师曰:"谁肯便回头。"

——《续传灯录》卷第二十

【注释】

①摩腾:又作摄摩腾,竺摄摩腾,迦叶摩腾。中天竺人,能解大小乘经。尝为一小国王讲金光明经,以防敌国侵害,名大显。汉明帝遣蔡愔等于天竺求法,遇之,永平十年与竺法兰等共至洛阳,译《四十二章经》等。汉地之有佛法自此始。

②卢老:即六祖慧能祖师,因其俗姓卢,故称。

③正令:(1)(术语)为禅门教外别传本分之命令,棒喝之外

不立一法，谓之正令。《碧岩录》序曰："提掇正令。"（2）指佛法。在禅门中，则特指教外别传之旨。《从容录》第三十五则："无舌人，无舌人，正令全提一句亲。"故丛林中每以"正令当行"谓佛祖之道通行于世。

④法王：佛教对佛的尊称。后也引申为对菩萨、明王、阎王等的尊称。

⑤祖师关：祖师必须通过之关门，即不通过此关，则不能成为祖师。按，祖师关为一顿悟境界，此关之要，在一无字；参透此关，始能绝心路、得妙悟，与历代祖师把手共行。

柏子山德嵩禅师

【禅师简介】

黄州柏子山德嵩禅师,东林照觉常总禅师法嗣。禅师生卒年限、参学行止、法嗣弟子等均不详。

知心有几人

僧问:"如何是显露的法?"师曰:"高着眼。"僧云:"法不孤起[①]。"师曰:"露柱上荐取。"僧云:"若不得流水还应过别山?"师曰:"知心有几人?"

——《续传灯录》卷第二十

【注释】

①法不孤起:原意是说,佛教的道和法都不是无缘无故产生的,是有一定的环境、际遇和缘分才产生。现在被广泛引用来说明万物都是相关联的,不会独立起作用,都是相互影响的。

衡岳寺道辩禅师

> 【禅师简介】
> 南岳衡岳寺道辩禅师，东林照觉常总禅师法嗣。禅师生卒年限、参学行止、法嗣弟子等均不详。

须知滋味

僧问："拈槌①举拂即且置，和尚如何为人？"师曰："客来须接。"曰："便是为人处也。"师曰："粗茶淡饭。"僧礼拜，师曰："须知滋味始得。"

——《续传灯录》卷第二十

【注释】

① 槌：敲打用具，像锤。

慧安慧渊禅师

【禅师简介】

洪州奉新县慧安慧渊禅师，黄龙二世云庵宝峰克文禅师法嗣。北人孤硬自立，久参晦堂已有契证，复参真净克文得旨。居慧安院凡数十年，寂灭火化后，六根有三根不坏，舍利无数。并且异香满室，经月不绝。禅师生卒年限、参学行止、法嗣弟子等均不详。

慧安栲栳

洪州奉新县①慧安院②，门临道左③，衲子④往还黄龙、泐潭、洞山、黄檗，无不经由。

偶法席久虚⑤，太守移书宝峰真净禅师，命择人主之，头首、知事、耆宿⑥辈皆惮其行。时有渊首座，向北人⑦，孤硬自立，参晦堂、真净，实有契悟处，泯泯与众作息，人无知者⑧。闻头首、知事推免，不肯应命，白真净曰："惠渊去得否？"

真净曰："汝去得。"

遂复书举渊。

渊得公文，即辞去。时湛堂为座元⑨，问渊曰："公去，如何住持？"

渊曰："某无福，当与一切人结缘，自负栲栳，打街供众⑩。"

湛堂曰："须是老兄始得。"

遂作颂饯之曰：

> 师入新吴⑪，诱携群有。
> 且收驴脚，先展佛手⑫。
> 指点是非，分张好丑。
> 秉杀活剑⑬，作师子吼⑭。
> 应群生机，解布袋口⑮。
> 拟向东北西南，直教珠回玉走⑯。
> 咸令昧己之流，顿出无明窠臼。
> 阿呵呵！见三下三，三三如九⑰。
> 祖祖相传，佛佛授手。

渊住慧安，逐日打化。遇暂到⑱，即请归院中歇泊，容某归来修供。如此三十年，风雨不易。鼎新创佛殿、轮藏、罗汉堂，凡丛林所宜有者，咸修备焉。

黄龙死心禅师访之，渊曰："新长老，汝常爱使没意智⑲一着子该抹人⑳。今夜且留此，待与公理会些细大法门㉑。"

新惮之，谓侍者曰："这汉是真个会的，不能与他膀牙劈齿㉒得，不若去休。"不宿而行。

渊终于慧安，阇维后，六根不坏者三，获舍利无数，异香满室，累月不绝。

奉新兵火，残破，无孑遗，独慧安诸殿巍然独存。岂非愿力成就，神物护持耶！今诸方袖手领现成受用者，闻渊之风，得不愧于心乎！

——《宗门武库》

【注释】

①洪州奉新县：洪州，今江西南昌；奉新县，位于今南昌西北部。

②慧安院：寺名。

③门临道左：慧安寺坐落于大路的左侧。

④衲子：又叫衲僧，禅僧之别名，禅僧多着一衲衣而游方，故名。

⑤法席久虚：法席，传法之席位，意为该寺久无住持。

⑥头首、知事、耆宿：僧职名。佛教禅寺中有两序（或两班）之僧制，在住持下设东序、西序两班。西序选学德兼修者担任，称头者，有六职：首座、书记、知藏、知客、知浴、知殿。东序选精通世事者担任，称知事，有六职：都寺、监寺、副寺、维那、典座、直岁。耆宿：谓年高资深之僧。

⑦向北人：北人，北方人。

⑧泯泯与众作息，人无知者：意为惠渊不好炫耀，平时与众人同作同息，众人不知他是真有契悟的人。

⑨座元：僧职名，亦即首座。

⑩栲栳：用竹篾或柳条编成的盛物器具。打街供众：沿街化缘，供养众人。

⑪新吴：今江西奉新县。

⑫且收驴脚先展佛手：参见"黄龙三关"。

⑬杀活剑：是为"杀人刀活人剑"的约言，语出《无门关》第十一则"颂曰"。禅门以此比喻禅师指导学人的自由权巧运用的方法。例如，用强夺、不许的方式，即喻为杀人刀；用给予、允容的方式，则喻为活人剑。不偏于任何一方而能灵活运用即称为"杀人刀活人剑"。

⑭师子吼：谓佛之说法，如狮子之咆吼，摧邪显正。

⑮应群生机，解布袋口：意思是说，按众生的根机，为之说法。

⑯珠回玉走：这里指往来于黄龙、泐潭、洞山、黄檗这东南西北方四大丛林的衲子。

⑰见三下三，三三如九：此典出自临济宗义玄禅师的"三玄三要"。为接引学人的方法。《五灯会元》卷十一"临济义玄禅师"中有：（师）乃曰："大凡演唱宗乘，一句中须具三玄门，一玄门须具三要。有权有实，有照有用。"然其中三玄门与三要的内容没有明言道出，这可能是活语，其目的乃教人须会得言句中权实照用的功能。此处"见三下三，三三如九"，是说三玄中每一玄下各系三要，合计而为九。此颂的典故皆出自临济一宗，其大意是要惠渊禅师以临济宗义，尤其是黄龙派的禅法，去"诱携群有"，接引群生，度出无明，而使本宗本派的禅法"祖祖相传，佛佛授手"，一代一代相传下去。

⑱暂到：意为刚到的客人。

⑲没意智：即无思量，指不存思量分别等作用的智慧，是悟解佛法的人的智慧。《六祖坛经》："下下人有上上智，上上人有没意智。"渊首座是指责死心禅师端着个"上上人"的架子，用"意智"来搪塞学人、不理会后学。

⑳该抹人：宋代俗语，意为难倒别人。

㉑细大法门：大大小小的法门。意为讨论佛法中的各种道理和事情。

㉒劈牙劈齿：意为辩论或斗口。

秘书吴恂

【居士简介】

秘书吴恂居士,字德夫,兴元府(今陕西省汉中市)人,黄龙宗二世晦堂祖心禅师之在家得法弟子(载《五灯会元》卷第十七、《嘉泰普灯录》卷六、《续传灯录》卷第二十二)。堂谓曰:"平生学解记忆多闻即不问,尔父母未生已前道将一句来。"公拟议,堂以拂子击之,即领深旨。

禅悟无语

居晦堂入室次,堂谓曰:"平生学解记忆多闻即不问,尔父母未生已前道将一句来。"公拟议,堂以拂子击之,即领深旨。连呈三偈,其后曰:

咄,这多知俗汉,咬尽古今公案。忽于狼藉堆头,拾得蜣螂粪弹。明明不直分文,万两黄金不换。等闲拈出示人,只为走盘难看。咦。

堂答曰:"水中得火世还稀,看着令人特地疑。自古不存师弟子,如今却许老胡知。"

——《续传灯录》卷第二十二

慧圆上座

【禅师简介】

　　慧圆上座，东林常总禅师之法嗣，俗姓于，开封酸枣人。慧圆上座少时即依本邑建福寺德光禅师出家。慧圆上座虽然性情鲁钝，不识字，但是他勤于祖道，修行精进，常坐不卧。在德光禅师座下待了几年之后，终于落发受戒得度。不久即出游庐山，投东林常总禅师座下参学。禅师生卒年限、参学行止、法嗣弟子等均不详。

鸣蝉非禅

　　少依邑之建福寺德光为师，性椎鲁然勤渠祖道，坚坐不卧居数岁得度。出游庐山至东林，每以己事请问。朋辈见其貌陋、举止乖疏、皆戏侮之："能鸣者仍蝉也。"一日行殿庭中，忽足颠而仆，了然开悟，作偈俾行者书于壁曰：

　　这一交、这一交，万两黄金也合消。

　　头上笠、腰下包，清风明月杖头挑。

　　即日离东林，众传至照觉，觉大喜曰："衲子参究若此，善不可加。"令人迹其所往，竟无知者。

——《续传灯录》卷第二十

兜率从悦禅师

【禅师简介】

兜率从悦禅师（1044—1091），黄龙宗二世真净克文禅师的法嗣，虔州（江西赣县）人。能文善诗，率众勤谨，远近赞仰。因住于隆兴（江西南昌）兜率院，世称"兜率从悦"。元祐六年（1091）十一月三日浴讫，集众坐定，嘱累已。说偈曰："四十有八，圣凡尽杀。不是英雄，龙安路滑。"奄然而化。其徒遵师遗诫，欲火葬，捐骨江中。得法弟子无尽居士张公遣使持祭，且曰："老师于祖宗门下有大道力，不可使来者无所起敬。"俾塔于龙安之乳峰。宋徽宗时，丞相张商英（无尽居士）奏请谥号"真寂禅师"。有《兜率从悦禅师语要》一卷行世。法嗣十二人：兜率慧照禅师、疏山了常禅师、丞相张商英居士、杨岐子圆禅师、投子道胜禅师、慈云明鉴禅师、兜率慧宣禅师、罗溪慧宜禅师、广惠守真禅师、赣州智宣和尚、清溪智言和尚、福州禅林和尚。

恭谨得传

有清素[①]者久参慈明[②]，寓居一室未始与人交。师因食蜜渍荔枝，偶素过门。师呼曰："此老人乡果也，可同食之。"素曰："自先师亡后不得此食久矣。"师曰："先师为谁？"素曰："慈明也，某忝执侍十三年耳。"师乃疑骇曰："十三年堪忍执侍之役，非得其道而何？"遂馈以余果稍稍亲之，素问："师所见者何人？"曰："洞山文。"素曰："文见何人？"师曰："黄龙南。"素曰："南匾头③见先师不久，法道大振如此。"师益疑骇，遂袖香诣素作礼，素起避之曰："吾以福薄，先师授记不许为人。"师益恭，素乃曰："怜子之诚违先师之记，子平生所得试语我。"师具道所见，素曰："可以入佛而不能入魔。"师曰："何谓也？"素曰："岂不见古人道，末后一句始到牢关？"如是累月素乃印可，仍戒之曰："文示子者皆正知正见，然子离文太早，不能尽其妙。吾今为子点破，使子受用得大自在，他日切勿嗣吾也。"师后嗣真净。

——《续传灯录》卷第二十二

【注释】

①清素：石霜楚圆慈明禅师法嗣清素侍者，闽之古田毛岩，乃生缘也。晚遁湘西鹿苑，以闲淡自牧，禅师生卒年限、参学行止、法嗣弟子等均不详。

②慈明：即石霜楚圆慈明禅师。

③南匾头：即石霜楚圆慈明禅师法嗣，黄龙宗祖师慧南禅师。

尿臭参禅

初首众于道吾，领数衲谒云盖智和尚，智与语未数句尽知所蕴。乃笑曰："观首坐气质不凡，奈何出言吐气如醉人耶？"师面热汗下，曰："愿和尚不吝慈悲。"智复语与锥札之，师茫然遂求入室。智曰："曾见法昌遇和尚否？"师曰："曾看他语录自了可,也不愿见之。"智曰:"曾见洞山文和尚①否?"师曰:"关西子没头脑,拖一条布裙作尿臭气,有甚长处?"智曰:"尔但向尿臭气处参取!"师依教,即谒洞山深领奥旨,复谒智。智曰:"见关西子后大事如何?"师曰:"若不得和尚指示,洎②乎蹉过一生。"遂礼谢,师复谒真净,后出世鹿苑。

——《续传灯录》卷第二十二

【注释】

①洞山文和尚:即宝峰云庵真净克文禅师。后面的"关西子""洞山""真净"均指真净克文禅师同一个人。

②洎:几乎;通"几"。

半山居士

【居士简介】

王安石(1021—1086)字介甫,晚号"半山",抚州临川(今江西抚州)人,黄龙宗二世宝峰克文禅师之在家得法弟子(载《嘉泰普灯录》卷七《续传灯录》卷第二十二)。北宋政治家、思想家、诗人、散文家。宋神宗时任宰相,实行变法受阻而败,两次罢相。仕途坎坷,大志难舒,以致心灰意冷,退居江宁(今南京)半山。晚年崇佛,诗风大变,写有不少禅诗。虽近佛,终因不能排解心中郁闷忧愤而终。封舒国公,旋改封荆,世称"荆公"。今存著作有《王临川集》《王临川集拾遗》。

后世有人

荆公一日访蒋山元禅师①,谈论次,元曰:"相公口气逼人,想著述搜索,劳役心气,何不坐禅,体此大事。"公从之。又一日谓元曰:"坐禅实不亏人,数年欲作《胡笳十八拍》不成,夜来坐间已就。"元大笑。

荆公一日问张文定公②曰:"孔子去世百年,生孟子亚圣,后绝无人,何也?"文定曰:"岂无人,恐有过孔孟者。"荆公曰:"谁?"文定公曰:"江西马大师、坦然禅师、汾阳无业禅师,雪峰、岩头、丹霞、云门。"荆公闻举，意不甚解，乃问曰："何谓也？"文定曰："儒家淡薄，收拾不住，皆归释氏去。"荆公欣然叹服。后举似张无尽③，无尽抚几叹赏曰："达人至论也。"援笔记于案间。

——《大觉普慧禅师语录》④卷上

【注释】

①蒋山元禅师：名赞元，字万宗，婺州义乌人，双林傅大士之远孙也。三岁出家，七岁为大僧，年十五游方，至石霜谒慈明禅师得印可。

②张文定公（943—1014）：北宋宰相，名齐贤、字师亮，曹州冤句（今山东省菏泽市西南）人。宋太宗时官至吏部侍郎同平章事，两次为相，死后谥号"文定"。

③张无尽：即丞相张商英居士（1044—1122），兜率从悦禅师之在家得法弟子，字天觉，号"无尽居士"，北宋宰相。

④《大慧普觉禅师语录》：又称《大慧语录》《大慧录》，凡三十卷，雪峰蕴闻辑录。南宋孝宗乾道八年（1172）奉旨刊行并入藏，现收入《大正藏》第四十七册、《嘉兴藏》（新文丰版）第一册。

慧日文雅禅师

【禅师简介】

庐山慧日文雅禅师，宝峰克文禅师法嗣。受请日，僧问："向上宗乘乞师不吝。"师曰："拄杖正开封。"曰："小出大遇也。"师曰："放过即不可便打。"生卒年限不详，法嗣二人：九仙法清禅师、觉海法因庵主。

慧日论药

庐山慧日雅禅师，乃真净高弟。尝著《禅本草》一篇曰：

禅味甘，性凉，安心脏、祛邪气、辟壅滞、通血脉。清神益志，驻颜色、除热恼、去秽恶。善解诸毒，能调众病。药生人间，有大小皮肉骨髓精粗之异。获其精者为良，故凡圣尊卑悉能疗之。余者多于丛林中吟风咏月，世有徒辈多采声壳为药，食者误人性命。幽通密显非证者莫识，不假修炼炮制，一服脱其苦恼，如缚发解，其功若神，令人长寿。故佛祖以此药疗一切众生病，号"大医王"。若世明灯破诸执暗，所虑迷乱幽蔽不信，病在膏肓，妄染鬼神流浪生死者，不可救焉。伤哉。噫！世称韩昌黎[①]《毛颖[②]传》以文章为滑稽，若《禅本草》，宁免并按者欤？先佛号"大医王"，而修多罗藏得非方书乎？况《禅本草》从藏中流出，议病且审,使药且亲,其有服食,获证大安乐地也必矣。由是观之,雅岂徒然哉?

——《罗湖野录》下

【注释】

①韩昌黎:韩愈(768—824),字退之,河南河阳(今河南省孟州市)人,汉族,世称"韩昌黎""昌黎先生"。唐代杰出的文学家、思想家、哲学家。历都官员外郎、史馆修撰、中书舍人等职,晚年官至吏部侍郎,人称"韩吏部"。卒后赠礼部尚书,谥号"文",故称"韩文公"。

②毛颖:毛笔的别称。因唐代韩愈作寓言《毛颖传》以笔拟人,而得此称。韩愈的《毛颖传》,明明是写毛笔这一物的特性,韩愈却把它当作人来写,而且郑重其事地为之立传,煞有介事地考证其先祖,这就使整个构思获得了滑稽的性质。

佛照杲禅师

> 【禅师简介】
>
> 东京法云佛照杲禅师,宝峰克文禅师之法嗣,姓氏未详。杲禅师自幼出家,少年时即开始游方参学。

茶杯落地、虚空粉碎

法云杲和尚,遍历诸家门庭。到圆通玑道者会中,入室次,举:"赵州问投子:'大死底人,却活时如何?'子云:'不许夜行,投明须到。'意作么生?"杲曰:"恩大难酬。"圆通大称赏之。后数日,举立僧秉拂①,机思迟钝,哄堂大笑。杲有惭色。次日,特为大众茶,安茶具在案上,惭无以自处。偶打翻茶具,瓢子②落地跳数跳,悟得答话,机锋迅捷,无敢当者。后至真净处,因看祖师偈云:"心同虚空界,示等虚空法,证得虚空时,无是无非法"③,豁然大悟。

——《宗门武库》

【注释】

①立僧秉拂:指为众僧讲法之首座。

②瓢子:水勺。

③此偈相传为西天七祖婆须蜜尊者所作。详见《景德传灯录》卷一。

周秦汉魏

上堂小参常谓人曰："和尚于绍圣三年十一月二十一日悟得方寸禅①。"出住归宗诏居净，因僧问："达磨西来传个甚么？"师曰："周秦汉魏。"问："昔日僧问云门：'如何是透法身句？'门曰：'北斗里藏身②，意旨如何？'"师曰："赤心片片。"曰："若是学人即不然。"师曰："汝又作么生？"曰："昨夜抬头看北斗，依稀却似点糖糕。"师曰："但念水草，余无所知。"

——《续传灯录》卷第二十二

【注释】

①方寸禅：谓仅仅得到少许领悟之禅。

②北斗里藏身：既透得法身，法身赅遍虚空，南斗也罢，北斗也罢，无处不可藏身。

西天佛子

佛照杲和尚，初住归宗，专精行道，未尝少懈。深夜修敬罢，坐于僧堂①地炉中。忽见二僧入堂，一人厖眉雪顶②，一人少年，皆丰姿顾然。杲心喜，自谓曰："我座下有如此僧。"

须臾二人出堂，杲袭其后。见入佛殿中，杲亦随入。灯影荧煌，炉中尚有火，杲炷香礼佛。

二僧复出，亦袭其后。至佛殿前，偶失所在。自念："忘却香匣在殿内。"回身取时，见殿门扃钥③。遂唤直殿行者④守舜开门，舜取钥匙开门，见炉中香烟未散，香匣在宝阶上。自不谕其故。

妙喜亲见佛照说，时守舜在旁，犹指以为证。

——《宗门武库》

【注释】

①僧堂：和尚住的卧室。

②庞眉雪顶："庞"通"龙"。庞眉，眉毛花白。此句与"龙眉皓发"同义。

③扃钥：扃，门窗箱柜上的插关。扃钥，锁闭。

④直殿行者：在佛殿值班的杂役。"直"通"值"。

应机三昧

法云佛照杲禅师，尝退居景德铁罗汉院。殿中有木罗汉数尊，京师①苦寒，杲取而烧之，拥炉达旦，次日淘灰中得舍利无数。诸座主②辈，皆目之为外道③。

盖佛照乃丹霞④辈流，非俗眼所能验也。

——《宗门武库》

【注释】

①京师：即东京。

②座主：寺院职位。《释氏要览》："有司谓之座主，今释氏取学解优赡颖拔者名座主，谓一座之主。"

③外道：于佛教外立道者。《资特记》："言外道者，不受佛化，另行邪法。"

④丹霞：即丹霞天然（739—824），石头希迁（700—790）法嗣，

因骑佛故事,马祖道一名之天然,后于南阳丹霞山结庵,因名,谥智通禅师。《五灯会元》卷五有传,并载其烧佛事:"唐元和中至洛京龙门香山,与伏牛和尚为友。后于慧林寺遇天大寒,取木佛烧火向。院主呵曰:'何得烧我木佛?'师以杖子拨灰曰:'吾烧取舍利。'主曰:'木佛何有舍利?'师曰:'即无舍利,更取两尊烧!'主自后眉须堕落。"这就是著名的"丹霞木佛"公案。

湛堂文准禅师

【禅师简介】

隆兴府（今江西南昌）泐潭湛堂文准禅师（1060—1115），二世真净克文禅师法嗣。俗姓梁，兴元府（今陕西汉中）人。出家后，一日举杖决渠水溅衣忽大悟，受具后勤服真净克文禅师十年。宋徽宗政和五年（1115）十月二十日，更衣说偈而化，阅世五十五，坐三十五夏，灵骨舍利塔于石门之南源。阇维睛齿念珠不坏，舍利晶圆光洁，造塔于南山之阳。无尽居士丞相张公商英撰行业碑。法嗣五人：云岩天游禅师、三角智尧禅师、兴化宗选禅师、光孝智端禅师、李彭商老居士。

一切现成

造九峰，见真净于投老庵，净问曰："甚处来？"云："兴元府。"曰："近离甚处？"云："大仰。"曰："夏在甚处？"云："沩山。"净展手曰："我手何似佛手？"师惘然，净叱曰："适来只对，句句无丝毫差错、灵明天真，才说个佛手，便成隔碍，病在甚么处？"云："不会。"曰："一切现成，更教谁会？"服勤十载。

——《嘉泰普灯录》卷七

溅水悟道

绍圣三年真净移居石门衲子益盛,凡入室扣问必瞑目危坐无所示,见来者必起从园丁壅菜率以为常。师每谓恭曰:"老汉无意于法道乎?莫能测也。"一日举杖决渠,水溅衣,因大悟,走叙其事。真净骂曰:"此中乃敢用蘁苴耶?"自是迹愈晦而名愈著。待制李景真守豫章,仰其风请开法于云岩。未几殿中监茫公,师南昌移居泐潭。师辞辩注射迅机电扫,衲子畏而慕之,槌拂之下常数千指,自号"湛堂"。

——《续传灯录》卷第二十二

【注释】

①恭:即黄龙恭首座,亦即华光恭禅师,黄龙慧南祖师法嗣。出世先依法昌遇和尚,后住衡之华光。

后昆良范

分宁云岩①虚席,郡牧②命黄龙死心禅师举所知者,以补其处。死心曰:"准山主住得。某不识他,只见有《洗钵颂》甚好。"

郡牧曰:"可得闻乎?"

死心举云:"之乎者也!衲僧鼻孔,大头向下。若也不会,问取东村王大姐③。"

郡牧奇之,具礼敦请,准亦不辞。

平生律身以约,虽领徒弘法,不易在众时。晨兴后架④,只取小杓汤洗面,复用濯足。其他受用,率皆类此。才放参罢⑤,方丈、行者、人力,便如路人,扫地、煎茶,皆躬为之。有古人风度,真后昆良范也。

——《宗门武库》

【注释】

①分宁云岩：江西修水云岩禅寺，在城之南，与老城隔河相望，始建于隋。修水，古号分宁、义宁。

②郡牧：据《五灯会元》，此郡牧为豫章太守李景直。

③问取东村王大姐：意为随便问个人，喻指佛法就在平常事中，不用刻求。此为黄龙"日用是禅、触目菩提"的活学活用。

④后架：禅林设于僧堂后方之洗面架，为大众洗面处。

⑤参罢：禅僧每日早晚都有功课，参罢指每日例课结束。

话堕阿师

一日新到相看展坐具，师曰："未得人事上座近离甚处？"曰："庐山归宗。"师曰："宗归何处？"僧曰："嗄。"师曰："虾蟆窟里作活计。"僧云："和尚何不领话？"师曰："是尔岂不是从归宗来。"僧云："是。"师曰："驴前马后汉，问第二上座：'近离甚处？'"僧云："袁州①。"师云："夏在甚处？"曰："仰山。"师曰："还见小释迦②么？"僧云："见。"师曰："鼻孔长多少？"僧拟议。师云："话堕阿师。"

——《续传灯录》卷第二十二

【注释】

①袁州：即今江西宜春市袁州区。

②小释迦：仰山慧寂禅师（840—916），有仰山小释迦之号。

阇梨谩老僧

问僧："尔来作么？"曰："特来问讯和尚。"师云："云在岭头闲不彻，水流涧下太忙生。"僧云："和尚莫瞒人好。"师曰："马大师[①]为什么从阇梨脚跟下走过？"僧无语，师云："却是阇梨[②]谩老僧。"

——《续传灯录》卷第二十二

【注释】

①马大师：即唐代著名高僧马祖道一禅师，其开创的丛林制度，对后世的佛教，尤其是禅宗发展起到了深远的作用。

②阇梨：意为高僧，也泛指僧人、和尚。

目前有路

云居先驰到，师问："未离欧阜，文彩已彰，既到宝峰，如何吐露？"驰云："目前有路。"师举起书云："既是云居[①]底，为甚在宝峰[②]手中？"驰云："兵随印转，将逐符行。"师云："下坡不走拍一拍。"驰拟议，师曰："想先驰，只有先锋且无殿后[③]。"

——《续传灯录》卷第二十二、《僧宝正续传》卷二

【注释】

①云居：云居山，这里指云居山真如禅寺。

②宝峰：宝峰禅院，在今江西靖安，宋时属洪州、隆兴府。

③殿后：（1）行军时走在最后。（2）泛指居后。

东家杓柄长,西家杓柄短

一日法堂上逢首座①,便问:"向什么处去?"座云:"拟与和尚商量一事。"师云:"便请。"座曰:"东家杓柄长,西家杓柄短。"师云:"为甚拈起巩县茶瓶,却是饶州瓷碗?"座云:"临崖看浒眼,特地一场愁。"师叫屈,座吐舌而退。

——《续传灯录》卷第二十二

【注释】

①首座:(1)僧官名。据《释氏稽古略》卷三载,唐宣宗大中十年(856)敕法师辩章为三教首座。此为设三教首座之始,后亦敕封精于经论之僧为首座。至唐末宋初,始为禅家所专用。(2)僧堂六头首之一。又作上座、首众。即居一座之首位而为众僧之表仪者。在丛林,与长老平分风月;在庵中,与庵主同展化仪。事在精勤,行存洁白,情忘憎爱,念绝是非,为十方仪范之所钟,一众道业之所系。通常专用于禅家,又称第一座、座元、立僧、禅头、首众等。可分为前堂首座、后堂首座、立僧首座、名德首座、却来首座等数种。于僧堂内的出入板之前半段统领大众者,称前堂首座;于出入板之后半段统领大众者,称后堂首座。于首座头首之外,别于西堂或前堂,就耆宿中择其有道博达之人,敦请为众开法者,称立僧首座。于前堂首座中,择其名誉德行特出者,称名德首座。一度曾任首座之尊宿,后又受住持礼致,再度任首座之职,称却来首座。此外,僧堂内首座之座位,称首座板,或首座床、首座单。

黄龙路滑

师在分宁遇死心和尚,问:"尔此回到山里么?"师云:"须去礼拜师兄。"心云:"尔来时善看方便。"师曰:"何故?"心云:"我黄龙路滑。"师云:"曾跶倒①几人来?"心云:"尔未到黄龙早脚涩也。"师云:"和尚何得闭门相待?"死心又问:"准老尔安许多僧,只是聚头打哄了嗻②饭,尔毕竟将何为人?"师云:"因风吹火。"心云:"乱统作么?"师云:"从来有些子。"师却问:"和尚山中安多少众?"心云:"四百人尽是精峭衲子。"师云:"师子窟中无异兽。"心云:"尔来时也须照顾。"师云:"也待临时。"心云:"临时作么生?"师云:"唤来洗脚。"心云:"尔川僧家开许大口。"师云:"准上座从来如此。"心云:"三十年弄马骑。"

——《续传灯录》卷第二十二

【注释】

①跶倒:赣方言,跌倒的意思。
②嗻:吃。"嗻却!作个饱死鬼去。"

水里火发

问僧:"乡里甚处?"云:"青州①。"师曰:"近离甚处?"云:"云居。"师曰:"安乐树②下道将一句来。"僧无语,师却问傍僧云:"尔道得么?"僧云:"某甲道不得,却请和尚道。"师云:"向北驴似马大。"僧云:"与么那?"师云:"尔鼻孔为甚么在宝峰手里？"僧便喝，师云："水里火发。"

——《续传灯录》卷第二十二

【注释】

①青州：青州地处山东半岛中部，为古"九州"之一。因地处东海和泰山之间，位于中国东方，"东方属木，木色为青"，故名"青州"。

②安乐树：传云居山原有安乐树，上栖安乐神。

云居高、宝峰低

见僧看经，问看什么经，曰："《金刚经》①。"师云："经中道：'是法平等无有高下'是否？"僧云："是。"师云："为什么云居山高，宝峰山低？"僧云："是法平等无有高下。"师曰："尔却做得个坐主使下？"僧云："和尚又作么生？"师云："且放尔鼻孔出气。"

——《续传灯录》卷第二十二

【注释】

①《金刚经》：早期大乘佛教经典，属于《大般若经》的第九会，是宣说般若空义的代表作之一。中国依鸠摩罗什译本为流行本，一般所说的《金刚经》都指罗什所译的《金刚般若波罗蜜经》。

元来无事

一日廊下见僧，问："尔还会也未？"僧云："不会。"师曰："左青龙右白虎①。"僧云："久向宝峰元来只是个卖卜官。"师乃点指云："上座今日不好。"僧云："老汉败阙②也。"师云："路逢剑客须呈剑。"师问僧:"安乐么？"僧云:"无事。"师云:"尔大有事在。"曰:"未审某甲有甚事？"师云:"近日上蓝金刚③与天宁土地④相打。"僧无语，师云:"元来无事。"

——《续传灯录》卷第二十二

【注释】

①左青龙右白虎：平常说的左青龙、右白虎代表左右位置，不是代表真正的青龙、白虎。青龙代表东方，白虎代表西方。

②败阙：犹过失。 唐代韩愈《论变盐法事宜状》："宰相者，所以临察百司，考其殿最，若自为使，纵有败阙，遣谁举之？此又不可者也。"

③金刚：在大乘佛法经论中，指坚固不能截断、不可毁坏替换之法为金刚。在宗教仪式中使用的法器，也称金刚，中文又将它译为金刚杵、降魔杵。也是钻石以及闪电的梵文名称。

④土地：指管理一个小地面的神。即"社神"。《公羊传·庄公二十五年》："鼓用牲于社。"何休注："社者，土地之主也。"

元来是作家

问僧:"如何是上座得力处？"僧便喝，师云:"好好相借问何得恶发？"僧又喝，师云:"元来是作家。"僧以坐具便打，师低头嘘一声。僧云:"放过一着。"师云:"者里①不可放过。"随后便打。

——《续传灯录》卷第二十二

【注释】

①者里：（赣方言）这里。清代黄宗羲《清化唯岑巁禅师塔铭》："者里无你插脚处。"廖仲恺《渔家傲·题画》词："者里乾坤谁作主？君莫诉，芦中有士侪鸥鹭。"

归堂向火

师普说①次，众欲散，忽问僧："明来明打暗来暗打，尔作么生会？"僧便喝，师云："点即不到。"僧又喝，师云："到即不点。"僧云："忽遇不明不暗来时又作么生？"师云："今日天寒，且归堂向火②。"随后喝一喝，便起。

——《续传灯录》卷第二十二

【注释】

①普说：谓于禅刹中，普集大众说法。即师家为一般学人开示宗乘。乃入室、独参、小参之对称。一般系于寝堂（大方丈）或法堂举行。在特别之说法时，则学人烧香请求普说，此称为告香普说。为通知大众普说所挂之牌，称为普说牌。

②向火：向，动词，面朝、面对的意思。火，名词。向火，面朝靠近火堆，即烤火，取暖的意思，在中国北方地区的冬季犹为常见。向火亦有用作比喻趋炎附势的意思。

泐潭福深禅师

【禅师简介】

泐潭福深，宋临济宗黄龙派僧人，真净克文的弟子，其生卒年限、参学行止、法嗣弟子等均不详。

文准驱鬼

泐潭深和尚，河东人，真净之子。有悟侍者①，偶在知客寮②，见掉下火柴头忽然有省，直上方丈通所悟，深和尚喝出，自尔失心，引绳于延寿堂③东司自缢。夜后常在藏院④、知客寮、东司三处出没，移鞋度瓶⑤，一众苦之。湛堂游浙回充首座，闻其事，中夜故入延寿堂东司抽脱⑥，壁灯微明忽然扑灭。方脱衣，悟便提水瓶至。湛堂云："未要，且待我脱衣。"脱衣罢便接瓶子，去当时悟自缢间抽脱，须臾又送筹子⑦来。及出，唤云："接瓶去。"悟才接，捉住摸其手，或似软或似硬。问曰："汝是悟侍者么？汝便是当时在知客寮，见掉下火柴头有省处底么？参禅学道只要知本命元辰⑧下落处，汝在藏殿移端首座鞋履，岂不是汝当时悟得底？又在知客寮移枕子，岂不是汝当时悟得底？逐夜在此与人提瓶度水，岂不是汝当时悟得底？因其不知落处，只管在这里恼乱大众作么？我明白劝大众为汝看藏经，衷钱⑨设粥追悼汝，汝当别求出离，不得滞著于此。"言讫乃推一推，如瓦砾塔子倒，索然有声，由是绝迹。湛堂一臂冷如冰，逾半月方平复，盖非人附阴而至，冷气侵人如此。

——《宗门武库》

【注释】

①悟侍者：悟，僧名；侍者即长老左右使唤之人。

②知客寮：寺庙内接待四方来客的地方。

③延寿殿：寺庙中有病僧人的居所。

④藏院：藏经之所。

⑤度瓶：度，送；瓶，这里指用来盛清便之水的容器。度瓶即送水清便。

⑥抽脱：指大小便。

⑦筹子：便后拭净用物。

⑧本命元辰：指与寿命荣辱有关的本命星。

⑨衷钱：这里意为聚集钱财，作化缘、募集解。

五峰净觉本禅师

【禅师简介】

瑞州五峰净觉本禅师,二世真净克文禅师法嗣。禅师生卒年限、参学行止、法嗣弟子等均不详。

行住坐卧

僧问:"同声相应时如何?"师曰:"鹁鸠①树上啼。"曰:"同气相求时如何?"师曰:"猛虎岩前啸。"问:"一进一退时如何?"师曰:"脚在肚下。"曰:"如何是不动尊?"师曰:"行住坐卧。"

——《续传灯录》卷第二十二

【注释】

①鹁鸠:即斑鸠,羽毛黑褐色,天要下雨或刚晴的时候,常在树上咕咕地叫。也叫水鹁鸪,亦作鹁姑。宋代梅尧臣《送江阴金判官太祝》诗:"江田插秧鹁鸪雨,丝网得鱼云母鳞。"宋代陆游《东园晚兴》诗:"竹鸡群号似知雨,鹁鸪相唤还疑晴。"

海会守纵禅师

【禅师简介】

舒州白云海会守纵禅师，黄龙二世云居山元祐禅师法嗣。禅师生卒年限、参学行止、法嗣弟子等均不详。

斫额望扶桑

僧问："药山一句①人皆委，白云今日事如何？"师曰："逼塞虚空。"僧云："谁知今日里，明月锁舒城？"师曰："斫额②望扶桑③。"问："曹溪一滴普洽大千④，白云出山如何利物？"师曰："云横洞口，归鸟迷巢。"僧云："指南一路又如何？"师曰："铁蛇当大道，通身黑如烟。"

——《续传灯录》卷第二十一

【注释】

①药山一句：指朗州刺史李翱因药山惟俨禅师一句"云在青天水在瓶"而悟道，悟后皈依药山禅师，同时做了一首诗：炼得身形似鹤形，千株松下两函经。我来问道无余话，云在青山水在瓶。

②斫额：以手遮盖额头，引颈作瞭望状。

③扶桑：传说日出于扶桑之下，拂其树杪而升，因谓为日出处。

④大千：三千大千世界也。经说世界有小千、中千、大千之别。合四大洲日月诸天为一世界。一千世界名小千世界，小千加千倍名中千世界，中千加千倍名大千世界。

宝相元禅师

> 【禅师简介】
>
> 台州宝相元禅师,云居山元祐禅师法嗣。禅师生卒年限、参学行止、法嗣弟子等均不详。

应须用眼听

僧问:"一切诸佛及诸佛阿耨多罗三藐三菩提皆从此经出,如何是此经?"师曰:"长时诵不停,非义亦非声。"曰:"如何受持?"师曰:"若欲受持者,应须用眼听[①]。"

——《续传灯录》卷第二十一

【注释】

①用眼听:即用眼听用耳看。这叫六根互用,不能追求,达到也不准显示,只能自用,用亦无用。

子陵山自瑜禅师

【禅师简介】

郢州子陵山自瑜禅师,云居山元祐禅师法嗣。禅师生卒年限、参学行止、法嗣弟子等均不详。

降尊就卑

僧问:"如何是古佛[①]心?"师曰:"赤脚趿泥冷似冰。"曰:"未审意旨如何?"师曰:"休要拖泥带水。"问:"泗洲大圣[②]为甚么扬州出现?"师曰:"业在其中。"曰:"意旨如何?"师曰:"降尊就卑。"曰:"谢和尚答话。"师曰:"贼是小人,智过君子。"

——《续传灯录》卷第二十一

【注释】

①古佛:指释迦佛及其出世前所出现之佛,最著名的有过去七佛。即:毗婆尸佛、尸弃佛、毗舍浮佛、拘留孙佛、拘那含牟尼佛、迦叶佛与释迦牟尼佛。

②泗州大圣:又称泗州佛。汉族民间信仰的神仙,属于婚姻神。传说他为西域僧人,世称"僧伽大师",是观音的化身。奉祀泗州

大圣最流行的地区当属福建。那里城乡的大街小巷多供泗州大圣,或做小龛,或凿壁为龛,有供立像的,也有供牌位的,还有在墙壁雕凿"泗州大圣"四字来敬奉的。宋代大文豪苏东坡也曾为泗州僧伽塔题过诗。

传灯元正禅师

【禅师简介】

苏州承天永安传灯元正禅师,黄龙二世报本慧元禅师法嗣。郓州平阴县人,姓郑氏。受业本州太平兴国寺,礼藏智为师。参诸方,晚到苏州万寿寺,时元禅师居焉。因令师看庭前柏树因缘,发明心地,得元印可,举令住此寺。禅师生卒年限、法嗣弟子等均不详。

烟云雾锁

僧问:"承师再集人天会,愿示西来掣电机?"师曰:"烟云雾锁。"僧云:"还有西来意也无?"师曰:"空生懊恼。"僧云:"临济宗风一时独秀。"师曰:"不可有两个也。"僧云:"是处是慈氏[①]无门无善财[②]。"师曰:"都来七八岁,游遍百余城。"问:"桃花杨柳共谈真,如何是共谈真?"师曰:"岭上梅华白,溪边柳眼青。"僧云:"未审是什么人境界?"师曰:"非汝境界。"问:"实际理地不受一尘,佛事门中不舍一法。如何是一法?"师拈拄杖一击。僧云:"一衲横披高坐上,炉烟起处太分明。"师曰:"不是这一法。"僧云:"卖金须遇买金人。"师曰:"这个是鍮石。"

——《续传灯录》卷第二十一

【注释】

①慈氏：佛教菩萨名，即弥勒菩萨，为将继承释迦佛位的未来佛。南朝梁慧皎《高僧传·义解二·竺僧辅》："后憩荆州上明寺，单蔬自节，礼忏翘勤，誓生兜率，仰瞻慈氏。"唐湛然《金刚錍论》："内观心，外观砾；外即内，慈氏舌。"唐代刘禹锡《第一祖新塔记》："分慈氏之一支，为如来之别子，咸有祖称，粲然贯珠。"

②善财：佛教中孜孜以求、四处参访、潜心修行、终成道果的典范。《华严经》中记载：善财为文殊菩萨曾住过的福城中长者五百童子之一。出生时，家中自然涌现许多珍奇财宝，因而取名为"善财"。不过善财童子却看破红尘，视财产如粪土，发誓修行成就道业。文殊菩萨某次说法时，善财童子前往请教如何修持菩萨道，在文殊指示下，善财童子开始参访五十三位善知识，创造了佛经中"善财童子五十三参"的佳话。他在普陀洛迦山拜谒观世音菩萨，得到指点教化后亦示现成为菩萨。

千里同风

上堂僧问："安抚旌麾得得临，请师为鼓无弦琴。"师曰："啰啰哩。"僧云："这般格调须遇知音。"师曰："曲终人不见，江上数峰青。"僧云："江月照时琴影现，松风吹处语声清。"师曰："一夜寒溪雪到明，梅花漏泄春消息。"僧云："木人①闻作舞，石女听高歌。"师曰："且道是何曲调。"僧云："伯牙②若在耻见永安。"师曰："得遇知音。"僧云："只如尽乾坤大地是一面琴，和尚如何下手？"师曰："拍拍是令。"僧云："而今台旆光临，还许露个消息也无？"师曰："许。"僧云："莫言只有庭前柏③，又得甘棠壮祖宗。"师曰："千里同风。"

——《续传灯录》卷第二十一

【注释】

①木人：即机关木人，比喻五蕴之虚假。木人，傀儡之意。人之身心系由五蕴假和合而形成，无有自性，犹如傀儡，故以机关木人喻之。《大智度论》卷六："都无有作者，是事是幻耶！为机关木人，为是梦中事。"

②伯牙：春秋战国时期晋国上大夫，著名的琴师，擅弹古琴，技艺高超，既是弹琴能手，又是作曲家，被人尊为"琴仙"。世人皆知伯牙善鼓琴，钟子期善听。子期死，伯牙谓世再无知音，乃破琴绝弦，终身不复鼓。这就是"伯牙摔琴谢知音"的故事。

③庭前柏：著名禅宗公案：赵州因僧问："如何是祖师西来意？"师曰："庭前柏树子。"曰："和尚莫将境示人？"师曰："我不将境示人。"曰："如何是西来意？"师曰："庭前柏树子。"

大沩祖瑃禅师

【禅师简介】

潭州大沩祖瑃禅师，黄龙二世大沩怀秀禅师法嗣。福州吴氏子，生卒塔藏不详，法嗣五人：中岩蕴能禅师、云顶宗印禅师、乾元希式禅师、灵峰了真禅师、天真法空禅师。

沩山家风

僧问："如何是沩山家风？"师曰："竹有上下节，松无今古青。"曰："未审其中饮啖何物？"师曰："饥餐相公玉粒饭，渴点神运仓①前茶。"

——《续传灯录》卷第二十一

【注释】

①神运仓：借指南岳南台寺。《南岳总胜集》卷中，"南台禅寺章"记载：在庙之北登山十里。梁天监中，高僧海印尊者喜其山秀地灵，结庵而居，号曰"南台"。又至唐天宝初，有六祖之徒希迁禅师游南寺，见有石状如台乃庵居其地，故寺号"南台"。唐御史刘轲所撰碑并有焉。迁既殁后，遂塔于山之跖，谥曰"无际见相"。二碑尚存，裴休书字画遒劲。或云非裴书，然亦可观也。庞居士尝来请益于师。殿之下有石，乃丹霞削发处。又有石号"飞罗汉"，世传神运仓，今遗基尚在。石头和尚著《参同契·草庵歌》，善圆师刻于石。

方广有达禅师

【禅师简介】

南岳后洞方广有达禅师,大沩怀秀禅师法嗣。禅师生卒年限、参学行止、法嗣弟子等均不详。

放过即不可

僧问:"学人上来便请相见。"师曰:"袖里金锤脑后看。"僧云:"破二作三①又作么生?"师曰:"惜取眉毛。"僧便喝,师曰:"放过即不可。"僧云:"瞎!"师便打。

——《续传灯录》卷第二十一

【注释】

①破二作三:分二为三,指分析事理。《五灯会元·黄龙心禅师法嗣·黄龙悟新禅师》:"有时破二作三,有时会三归一,有时三一混同,有时不落数量。"

宝鉴法达禅师

【禅师简介】

明州育王宝鉴法达禅师,黄龙二世南岳福严慈感禅师法嗣。饶州浮梁人,姓余氏,讳法达。卯岁厌俗,剪爱离尘,严承师训,长通经业,比试辇下,落发天清。求道南游,初历浙右,未获开悟,复回江西,次造南岳福严法席,感师一见,观器印心。安抚何公向师名望,命居太平,少卿王公次迁广利。都尉郭侯特奏章服、师名。禅师生卒年限、法嗣弟子等均不详。

别处即得

僧问:"此事惟己自知,为什么众生随类得解?"师曰:"眼见耳闻。"僧云:"兵随印转?"师曰:"德山临济。"问:"末后一句今日愿闻?"师曰:"昨日有人问我,直得杜口。"僧云:"为什么如此?"师曰:"不于湘水投明月,且向天童①看白云。"问:"无根树子还解生苗也无?"师曰:"拟待答话又恐孤负阇黎。"问:"作者相逢时如何?"师曰:"平出。"僧云:"学人有拟在。"师便打。僧云:"不伸三拜②安得周旋?"师曰:"别处即得。"

——《续传灯录》卷第二十一

【注释】

①天童：天童寺，位于浙江省宁波市东二十五公里的太白山麓，始建于西晋永康元年（300），佛教禅宗五大名刹之一，号称"东南佛国"。

②三拜：长跪后两手相拱至地，俯首至手为拜。重复三次，谓之三拜。佛教以三拜表示身、口、意三业归敬。

荐福道英禅师

【禅师简介】

饶州荐福道英禅师,二世开元子琦禅师法嗣。北宋诗僧,福建泉州人。禅师生卒年限、参学行止等不详,法嗣五人:等觉普明禅师、妙果德圆禅师、鹤林智璘禅师、崇宁庆舒禅师、密严善忠禅师。

趯倒瓶拽转钵

僧问:"佛未出世时如何?"师曰:"琉璃瓶贮花。"僧云:"出世后如何?"师曰:"玛瑙钵盛果。"僧云:"未审是同是别?"师曰:"趯①倒瓶拽转钵。"

——《续传灯录》卷第二十一

【注释】

①趯:跳跃的样子,通"跃"。

泗洲用元禅师

【禅师简介】

平江府泗洲用元禅师,黄龙二世建隆昭庆禅师法嗣。禅师生卒年限、参学行止、法嗣弟子等均不详。

唤钟作瓮

一日问建隆曰:"临济在黄檗,三回问佛法大意,三回被打,意旨如何?"语犹未了被打一拂子,师顿领宗旨。开堂日僧问:"四众云臻请师说法?"师曰:"有眼无耳朵,六月火边坐。"曰:"一句截流万机顿息。"师曰:"听事不真,唤钟作瓮。"问:"朝参暮请成得甚么边事?"师曰:"只要尔歇去。"曰:"早知灯是火,饭熟已多时。"师曰:"尔鼻孔因甚么着拄杖穿却。"曰:"拗曲作直①又争得。"师曰:"且教出气。"

——《续传灯录》卷第二十一

【注释】

①拗曲作直:故意将错的说成对的,比喻是非颠倒。

龙兴师定禅师

【禅师简介】

潭州龙兴师定禅师，黄龙二世佛印宣明禅师法嗣。禅师生卒年限、参学行止、法嗣弟子等均不详。

境中人

僧问："如何是潇湘境？"师曰："猿到夜深啼岳麓。"僧云："如何是境中人？"师曰："相逢不下马，各自有前程。"问："如何是道？"师曰："花街柳巷①。"僧云："如何是道中人？"师曰："语笑呵呵。"

——《续传灯录》卷第二十一

【注释】

①花街柳巷：旧指游乐的地方。也指妓院。花、柳：旧指风尘女。施耐庵《水浒全传》第六回："花街柳陌，众多娇艳名姬；楚馆秦楼，无限风流歌妓。"

清平楚金禅师

> 【禅师简介】
>
> 庐陵清平楚金禅师,黄龙二世黄檗积翠永庵主法嗣。禅师生卒年限、参学行止、法嗣弟子等均不详。

不消拈出

僧问:"祖祖相传,未审和尚传个什么?"师曰:"两手抬不起。"僧云:"能有几人知?"师曰:"知底事又尔么生?"僧云:"放过一着。"师曰:"迢迢十万余。"问:"与么不与么,学人上来请师与么?"师曰:"陕府铁牛。"僧云:"和尚与么,学人即不然也。"师曰:"不消拈出①。"

——《续传灯录》卷第二十一

【注释】

①拈出:随手拿出来。拈:用手指捏取东西。多指写文章时能自由纯熟地选用词语或应用典故,用不着怎么思考。宋代韩驹《赠赵伯鱼》:"学诗当如初学禅,未悟且遍参诸方。一朝悟罢正法眼,信手拈出皆成章。"

佛海有瑞禅师

【禅师简介】
东京褒亲佛海有瑞禅师，东林照觉常总禅师法嗣。姓陈氏兴化军仙游县人。幼异尘俗默坐终日，父母奇之，舍令出家，依东京景德寺重全上人为师落发受具。后依泐潭总禅师始悟玄奥，给侍久之众推上首，出世安州太平旌德。赐"大觉"师名，又赐"佛海禅师"号，法嗣二人：寿宁道完禅师、兴国昌禅师。

为佛法来

造黄龙南禅师法席，南公曰："汝为人事来为佛法来？"

师曰："为佛法来。"

南公曰："若为佛法来即今便吩咐。"

遂打一拂子。

师曰："和尚也不得恼乱人。"

南公器之。然师终未彻。后依泐潭总禅师始悟玄奥，给侍久之，众推上首，出世安州太平旌德。被诏住东京褒亲①，哲宗皇帝五七②入内，赐"大觉"师名；百日③入内，又赐"佛海禅师"号。

——《续传灯录》卷第二十

【注释】

①褒亲禅寺：全称褒亲崇惠禅寺，宋政和七年（1117）赐额"褒亲禅寺"。原址位于常熟市支塘镇南。

②五七：亦称"斋七""理七""烧七""作七""做一日""七七"等。旧时汉族丧葬风俗，流行于全国各地。即人死后（或出殡后），于"头七"起即设立灵座，供木主，每日哭拜，早晚供祭，每隔七日作一次佛事，设斋祭奠，依次至"七七"四十九日除灵止。第七个七日，民间又称为"断七""尽七""满七"。比较受重视的是头七、五七与尽七。此俗汉代尚无记载，大约与佛教传入中国有关，南北朝时已多行之，后世沿而不改。佛教《瑜伽论》谓人死后，为寻求生缘，以七日为一期，如七日终，不得生缘，则更续七日，至第七个七日终，必生一处，以故有"七七"之期及逢七追荐之俗。一说，人初生以七月为腊，一腊而一魄成，经七七四十九而七魄具；死则以七日为忌，一忌而一魄散，经七七四十九日而七魄泯，此为道教魂魄聚散之说。

③百日：古代特指人死后的第一百天。旧俗人死百日，丧家多延僧诵经拜忏。《北史·外戚传·胡国珍》："又诏自始薨至七七，皆为设千僧斋，斋令七人出家；百日设万人斋，二七人出家。"

九峰希广禅师

【禅师简介】

瑞州九峰希广禅师,宝峰克文禅师之法嗣,梓州(今四川三台县潼川镇)人,丛林号"广无心"。出家后,便游方参学,后住瑞州九峰开法接众。

他打尔也打

洞山广道者①,梓州②人,丛林③号"广无心"。初游方,问云盖智和尚④:"兴化打维那⑤意旨如何?"智下绳床⑥,展两手吐舌示之。广打一坐具。智云:"此是风力所转。"又持此语问石霜琳和尚⑦,琳云:"尔意作么生⑧?"广亦打一坐具。琳云:"好一坐具,只是尔不知落处。"又问真净,净云:"尔意作么生?"广亦打一坐具。净云:"他打尔也打。"广于此大悟。真净因作颂云:

丈夫当断不自断,兴化为人彻底汉;
已后从他眼自开,棒了罚钱趁出院。

——《宗门武库》

【注释】

①洞山：地名。因禅宗曹洞宗创始人之一良价（807—869）在此传法而闻名于世，在今江西高安境内。广道者：名希广，真净克文的弟子，后住瑞州九峰寺。相传广道者"精以治己，宽以临众"，甚得丛林称许。

②梓州：地名。今四川三台地区。

③丛林：指僧众聚居之寺院，尤指禅宗寺院。

④云盖智和尚：宋临济宗黄龙派僧，名守智（1025—1115），剑州陈氏子，依黄龙慧南得印记，后住云盖，因名。

⑤兴化打维那：兴化，唐末临济宗僧存奖（830—888），嗣临济义玄（787—876），对临济法门的光大，贡献甚多。因住河北大名兴化院，世称兴化。打维那事，出《景德传灯录》卷十二，"师（兴化存奖）谓克宾维那曰：'汝不久当为唱导之师。'克宾曰：'不入这保社。'师曰：'会了不入，不会不入？'曰：'没交涉。'师便打。乃白众曰：'克宾维那法战不胜，罚钱五贯，设饭一堂。'仍不得吃饭，便赶出院。"

⑥绳床：绳制之坐具（椅子），比丘坐卧用之。

⑦石霜琳和尚：宋临济宗黄龙派僧，黄龙慧南的弟子，潭州人，《续传灯录》卷十六有传。

⑧作么生：犹言怎么、如何。

广无心

五峰虚席，真净举广道者①住五峰，舆议②广疏拙③，无应世才。逮广住持，精以治己，宽以临众，未几百废具举，衲子往来，竞争宣传。真净闻之曰："学者何易毁誉耶？予每见丛林窃议曰,那个长老行道安众,那个长老不侵用常住,与众同甘苦。夫称善知识,为一寺之主,行道安众,不侵常住,与众同甘苦,固当为之,又何足道?如士大夫做官,为国安民,乃曰我不受赃,不扰民。且不受赃,不扰民,岂分外事耶?"

——《禅门论语:禅林宝训心解》

【注释】

①广道者:即瑞州九峰希广禅师。

②舆议:舆论。

③疏拙:粗疏笨拙。

慧洪觉范禅师

【禅师简介】

瑞州(今江西高安)清凉惠洪觉范禅师(1071—1128),二世宝峰真净克文法嗣,又名德洪,字觉范,自号"寂音",赐号"宝觉圆明"。俗姓彭,新昌(今江西省宜丰)人。北宋著名诗画僧、诗评家、诗人、散文家、僧史家、佛学家,有"禅门司马"之称。力倡文字禅,曾饱学四方,为无尽居士张商英宰相礼敬。能画梅竹,工于诗词,与黄庭坚交好。《宋诗钞》称其诗为"宋僧之冠"。慧洪禅师生前著作等身,有《林间录》二卷、《林间后录》一卷、《临济宗旨》一卷、《禅林僧宝传》三十卷、《高僧传》十二卷、《冷斋夜话》十卷、《石门文字禅》三十卷、《天厨禁脔》等传世。禅师一生坎坷,十四岁成孤儿,出家后因各种原因三次入狱、一次流放,两次被削僧籍。

平地捞鱼虾

少孤,依三峰靘禅师为童子。日记数千言,十九试经得度,从宣秘度讲成实唯识论。逾四年,弃谒真净于归宗,净迁石门,师随至。净患其深闻之弊,每举玄沙未彻①之语发其疑。凡有所对,净曰:"你又说道理耶?"一日顿脱所疑,述偈曰:"灵云一见不再见,红白枝枝不着花。叵耐钓鱼船上客,却来平地捞鱼虾。"净见为助喜。

——《指月录》卷之二十八

【注释】

①玄沙未彻:著名禅宗公案。福州灵云志勤禅师,初在沩山灵祐禅师座下,因见桃华而悟道,遂作偈曰:"三十年来寻剑客,几回落叶又抽枝。自从一见桃华后,直至如今更不疑。"沩山禅师览偈后,遂勘验他所悟。志勤禅师所答,皆一一符契宗旨,沩山禅师于是给予印可,并嘱咐道:"从缘悟达,永无退失,善自护持。"后有一位僧人将此事告诉了玄沙师备禅师,玄沙禅师道:"谛当甚谛当,敢保老兄未彻在。"众人皆疑此语。因为沩山禅师是一代宗师,他是不随便印可人的。他既印可志勤禅师,志勤禅师必定是开悟无疑。但是玄沙禅师却不肯。从此以后,玄沙禅师的这句话,便成为宗门大德用来勘验学人的一个重要话头。

天鼓希声

崇宁二年,会无尽居士张公于峡之善溪,张尝自谓:"得龙安悦禅师末后句。"丛林畏与语,因夜话及之曰:"可惜云庵不知此事。"师问所以,张曰:"商英顷自金陵酒官,移知豫章,过归宗见之。欲为点破,方叙悦末后句未卒,此老大怒骂曰:'此吐血秃丁,脱空妄语,不得信。'既见其盛怒,更不欲叙之。"师笑曰:"相公但识龙安口传末后句,而真药现前,不能辨也。"张大惊,起执师手曰:"老师真有此意耶?"师曰:"疑则别参。"

乃取家藏云庵顶相①，展拜赞之，书以授师，其词曰：云庵纲宗，能用能照。天鼓希声，不落凡调。冷面严眸，神光独耀。孰传其真，观面为肖。前悦后洪，如融如肇。

——《指月录》卷之二十八

【注释】

①顶相：佛教肖像画名词。佛弟子为祖师画的遗像，宋元之际此风盛行。顶相上多祖师自题赞语，亦有禅林名师题赞的。

石头怀志庵主

【禅师简介】

石头怀志庵主（1039—1103），二世宝峰真净克文法嗣。宋朝婺州金华人，俗姓吴。年少即怀出世之志，十四岁时礼拜智慧院的宝称禅师参禅，二十二岁披剃出家，后参真净禅师悟道，黄龙宗第四世法嗣。宋徽宗崇宁改元冬，曳杖造龙安，人莫之留。明年六月晦，问侍僧曰早暮？云："已夕矣。"遂笑曰："梦境相逢，我睡已觉。汝但莫负丛林，即是报佛恩德。"言讫，示寂于"最乐堂"。茶毗，收骨塔于乳峰之下。寿六十四，夏四十三。

斋后游山

有禅者问曰："杜顺①乃贤首宗祖师也，谈法身则曰：'怀州牛吃禾，益州马腹胀。'此偈合归天台何义邪？"师无对，即出游方，晚至洞山谒真净，问："古人一喝不作一喝用，意旨如何？"净叱之，师趋出。净笑呼曰："浙子②斋后游山好。"师忽领悟，久之辞去，净曰："子所造虽逸格，惜缘不胜耳。"因识其意，自尔诸方力命出世，师却之，庵居二十年不与世接，士夫踵门略不顾。有偈曰：

万机休罢付痴憨,踪迹时容野鹿参。

不脱麻衣拳作枕,几生梦在缘萝庵。

——《续传灯录》卷第二十二

【注释】

①杜顺:贤首宗初祖(557—640),本名法顺,俗姓杜,敕号"帝心",雍州万年县杜陵人。十八岁,皈依因圣寺魏珍禅师出家,专修禅观。行踪所至,每多灵异,百姓称师为敦煌菩萨。隋文帝非常敬信他。贞观十四年十一月二十五日,于雍州南郊义善寺,普会善信,声言告别,复入宫内向唐太宗辞谢,然后升太阶殿,坐御座之上,奄然而逝,世寿八十四。

②浙子:石头怀志庵主是浙江金华人。

尊胜有朋讲师

【禅师简介】

泉州尊胜有朋讲师,开元子琦禅师(黄龙南法嗣)之法嗣,俗姓蒋,本郡人。童年试经得度,后游历讲肆,听习经论。有朋讲师曾经为《楞严》《维摩》等经作过注疏,故有不少学者跟他学习经教。有朋禅师后住泉州尊胜寺接众。

日轮正午

多历教肆,尝疏《楞严》《维摩》等经,学者宗之。每疑祖师直指之道,故多与禅衲游,一日谒开元,迹未及阃①,心忽领悟。元出遂问:"座主来作甚么?"师曰:"不敢贵耳贱目②。"元曰:"老老大大何必如是?"师曰:"自是者不长。"元曰:"朝看《华严》夜读《般若》则不问,如何是当今一句?"师曰:"日轮正当午。"元曰:"闲言语更道来。"师曰:"平生仗忠信,今日任风波。然虽如是,只如和尚怎么道有甚交涉,须要新戒草鞋穿。"元曰:"这里且放尔过。"忽遇远磨问:"尔作么生道?"师便喝,元曰:"这座主今日见老僧气冲牛斗。"师曰:"再犯不容。"元抚掌大笑。

——《续传灯录》卷第二十一

【注释】

①阃：门槛，门限。

②贵耳贱目：重视传来的话，轻视亲眼看到的现实。比喻相信传说，不重视事实。张衡《东京赋》："若客所谓，末学肤受，贵耳而贱目者也。"《颜氏家训·慕贤》："世人多蔽，贵耳贱目。"

苏辙居士

【居士简介】

参政苏辙居士（1038—1112），黄龙宗二世上蓝顺禅师之在家得法弟子（载《五灯会元》卷第十八、《续传灯录》卷第十八）。字子由，苏东坡之弟，苏辙接触佛教较早，先后与佛印了元、黄檗道全、寿圣省聪等交往甚多，最后于上蓝座下得悟心性。十九岁那年，与其兄苏轼同登进士。徽宗在位期间，苏辙遭蔡京等人所嫌，彻底罢官，遂于许州筑室自养，自号"颍滨遗老"。在归隐之数十年期间，苏辙罕与人交往，终日惟默坐而已，曾作自传十万余言。另有《诗传》《春秋传》《古史》《老子解》《栾城文集》等著作行世。后卒于政和二年，春秋七十四岁。

无语悟道

参政子由，元丰三年（1080）以睢阳从事，左迁瑞州推管之任。是时洪州上蓝顺禅师与其父文安先生有契，因往访焉，相得欢甚。公咨以心法，顺示搐鼻[①]因缘，已而有省。作偈呈曰：

中年闻道觉前非,邂逅相逢老顺师。
搊鼻径参真面目,掉头不受别钳锤。
枯藤破衲公何事,白酒青盐我是谁。
惭愧东轩残月上,一杯甘露滑如饴。

——《续传灯录》卷第十八

【注释】

①搊鼻:著名禅宗公案。有一天,怀海禅师陪同马祖在野外行脚。这时恰好有一群野鸭子从附近飞过。马祖问:"是甚么?"怀海禅师道:"野鸭子。"马祖问:"甚处去也?"怀海禅师道:"飞过去也。" 马祖突然转过身,使劲地拧怀海禅师的鼻子。怀海禅师疼得失声大叫。马祖道:"又道飞过去也!"怀海禅师言下恍然大悟。

寄堂景新禅师

【禅师简介】

温州护国寄堂景新禅师（？—1139），黄龙宝觉晦堂祖心禅师法嗣。郡之乐清人，族陈氏，于崇德寺得度。习台教，游方谒三祖宗禅师，宗器之。后依晦堂，始有深造。大观二年，温守章公凭请住江心普寂，次居西山。绍兴己未，示寂，塔于西山。禅师生年法嗣不详。

古曲音韵

僧①问："古曲无音韵，如何和②得齐？"曰③："石女着枷锁。"云："全非今日事，只在未生前。"曰："山僧不答这话。"云："为甚么不答？"曰："有甚救处？"

问："我手何似佛手？"曰："天空无四壁。"云："我脚何似驴脚？"曰："闻时九鼎重，见后一毫轻。"云："黄龙正派，流入永嘉也。"曰："勺卜听虚声。"

——《嘉泰普灯录》第六卷

【注释】

①僧：僧人，和尚，出家人。这里是泛指，意思是有僧人来问。
②和：应和；跟着唱；和谐地跟着唱。
③曰：说，答。这里意指温州护国寄堂景新禅师回答问话的僧人。

广鉴行瑛禅师

【禅师简介】

庐山开先广鉴行瑛禅师,黄龙宗二世东林常总法嗣,皇帝赐"广鉴"师号。桂州永福县(今广西桂林)人,姓毛氏,本州菩提寺受业。初谒庆闲禅师稍悟玄旨,次参照觉顿息所疑,出世庐山开先禅寺。素善黄太史鲁直,鲁直戏谓师为:如来藏中之说客、菩提场中之游侠。开先广鉴行瑛禅师法嗣十四人:绍兴府慈氏瑞仙禅师、潭州大沩海评禅师、庆元府芦山智通禅师、蕲州德山声绝禅师、潭州道林法照禅师、建昌军光孝文璟禅师、隆兴府九仙次彦禅师等。

罕遇知音

僧问:"如何是祖师西来意?"师曰:"君山点破洞庭心。"僧云:"意旨如何?"师曰:"白浪四边绕,红尘何处来。"问:"少林面壁意旨如何?"师曰:"入定。"僧云:"孤负[①]古人。"师曰:"罕遇知音。"问:"法轮工已毕,推转意如何?"师曰:"活鱍鱍[②]地。"僧云:"法不孤起仗境方生。"师曰:"有意气时添意气,不风流处也风流。"僧画一圆相。师曰:"争奈诸圣眼何?"

——《续传灯录》卷第二十

【注释】

①孤负：亦作"辜负"，有负、对不起。《辞源》："孤负，后来多作'辜负'。"

②鱍鱍：鱼摆尾跳动的样子，如"鲂鱼鱍鱍色胜银。"

只为如此

问："有人问我解何宗，拈起拂子劈口打，意旨如何？"师曰："猢狲入布袋，铁筋击乌龟。"僧云："不睹云中雁，争知沙塞寒。"师曰："《千眼大悲》①观不得，《无言童子》②暗嗟嘘。"僧云："为什么如此？"师曰："只为如此。"

——《续传灯录》卷第二十

【注释】

①《千眼大悲》：《千手千眼观世音菩萨广大圆满无碍大悲心陀罗尼经》，是这一部经的总名；《千手千眼大悲心陀罗尼经》，是简略的称呼。

②《无言童子》：《无言童子经》，来自于著作《虚堂和尚语录》。

象田梵卿禅师

【禅师简介】

绍兴府象田梵卿禅师（？—1116），黄龙宗二世东林常总法嗣，嘉兴华亭人，族钱氏。幼慧静，秉志纯实，弱冠，投超果寺德强披削。初游讲聚，后易服谒圆通秀，又谒投子青，久之，青入灭，往依照觉，顿契机语。归省亲，道俗迎居白牛海慧，迁永嘉灵峰及会稽象田。政和六年九月中休，说偈言讫，脱然坐逝，四众蚁至，观其容止安详，叹未曾有。法嗣七人：庆元府雪窦持禅师、绍兴府石佛益禅师、信州光孝宗益禅师、常州光孝净源禅师、绍兴府九岩仲文禅师、绍兴府象田珍禅师、华严和尚。

张公吃酒李公醉

问："寒风乍起，衲子开炉。忽忆丹霞烧木佛，因何院主落眉须？"曰："张公吃酒李公醉。"云："为复是逢强即弱，为复是妙用神通？"曰："堂中圣僧却谙此事。"

问："海慧有屠龙之剑，欲借一观时如何？"师以拄杖横按示之。僧便喝，师掷下拄杖，僧无语，师曰："这死虾蟆。"

问："有佛处不得住，无佛处急走过，意旨如何？"曰："穿靴衣锦。"云："此外还更有也无？"曰："紧峭草鞋。"

问："牛头未见四祖时如何？"曰："酰酸蚋^①聚。"云："见后如何？"曰："家破人亡。"

——《嘉泰普灯录》第六卷

【注释】

①蚋：一类与蚊子和家蝇相近的、小的、吸血蝇类的总称。蚋的几种微小的种类叫作摇蚊。

掘地觅天

问："久响白牛^①，未审牛在甚么处？"曰："掘地觅天。"云："争奈目前露迥迥地。"曰："切忌见鬼。"云："莫是和尚为人处么？"曰："会则直下承当，不会则一任颠倒。"

——《嘉泰普灯录》第六卷

【注释】

①白牛：指白牛车，比喻大乘佛法。唐代贯休《和韦相公话婺州陈事》："昔事堪惆怅，谈玄爱白牛。"自注："《法华经》以白牛喻大乘。"明末清初仇兆鳌注引《法华经》："有大白牛，肥重多力，形体殊好，以驾宝车。"按，《法华经·譬喻品》："牛车为大乘，即菩萨乘。"亦省作"白牛"。

上蓝希肇禅师

【禅师简介】

隆兴府上蓝希肇禅师,黄龙宗二世东林常总法嗣,禅师生卒年限、参学行止、法嗣弟子等均不详。

狂狗趁块

僧问:"古者道:'修证即不无,污染即不得。'未审是何宗旨?"曰:"不可更说道理去也。"云:"莫便是和尚为人处么?"曰:"狂狗趁块。"云:"只如禁足护生,得何果报[①]?"曰:"一月普现一切水。"云:"恁么则他家得自由也?"曰:"好个师僧却恁么去。"

——《嘉泰普灯录》第六卷

【注释】

①果报:由于过去的业因造成现在的结果,叫作果,又因为这果是过去的业因所召感的酬报,所以又叫作报。如种瓜得瓜,种豆得豆,就是果报的意义。又作异熟、果熟、报果、应报、异熟果。

洞山梵言禅师

【禅师简介】

筠州洞山梵言禅师，泐潭真净云庵克文禅师法嗣。太平州人也，禅师生卒年限、参学行止、法嗣弟子等均不详。

剜肉作疮

问："幸值作家相见，拟伸一问时如何？"曰："青山不拟白云飞。"云："可谓伯牙与子期，不是闲相识。"曰："重说偈言。"云："争奈流水有知音。"曰："也是剜肉作疮。"问："如何是一真法界①？"曰："杲日照长空。"云："如何是无量妙门②？"曰："海岳镇乾坤。"云："得闻于未闻也？"曰："波斯摸大象。"

——《嘉泰普灯录》第七卷

【注释】

①一真法界：一，即无二；真，即不妄。交彻融摄，故称法界。即是诸佛平等法身，从本以来，不生不灭，非空非有，离名离相，无内无外，唯一真实，不可思议，故称一真法界。

②妙门：（1）佛、道教指领悟精微教理的门径。语出《老子》："玄之又玄，众妙之门。"《华严经》卷二："普应群情阐妙门，令入难思清净法。"（2）指佛门、道门。清代钮琇《觚賸·景龙观钟铭》："虽大道无为，济物归于善贷，而妙门有教，灭咎在于希声。"

白藻清俨禅师

【禅师简介】

亳州白藻清俨禅师,云居元祐禅师法嗣。信之玉山人。禅师生卒年限、参学行止、法嗣弟子等均不详。

不识好恶

僧问:"杨广失橐驼①,到处无人见,未审是甚么人得见?"师以拂子约曰:"退后,退后。妨他别人所问。"云:"毕竟落在甚么处?"曰:"可煞不识好恶。"便打。

——《嘉泰普灯录》第七卷

【注释】

①橐驼:同"橐驼"。骆驼。《山海经·北山经》:"其兽多橐驼,其鸟多寓。"汉 东方朔《七谏·乱》:"要褭奔亡兮,腾驾橐驼。"清代吴伟业《田家铁狮歌》:"橐驼磨肩牛砺角,霜摧雨独枯藤缠。"

法轮齐添禅师

【禅师简介】

南岳法轮齐添禅师,黄龙二世泐潭洪英禅师法嗣。禅师生卒年限、参学行止、法嗣弟子等均不详。

还我话头

僧问:"学人上来,乞师指示。"曰:"汝适来闻鼓声么?"云:"闻。"曰:"还我话头①来。"僧礼拜,师曰:"令人疑着。"

——《嘉泰普灯录》第七卷

【注释】

①话头:(1)宗匠话头所成之公案也。佛教禅宗用来启发问题的现成语句,往往拈取一句成语或古语加以参究。《五灯会元·黄檗运禅师法嗣·乌石灵观禅师》:"曹山举似洞山,山曰:'好个话头,只欠进语。何不问为甚么不道?'"(2)文人常借以泛指启发问题的话语。

万寿念禅师

> 【禅师简介】
> 郴州万寿第一代念禅师,黄龙二世华光恭禅师法嗣。禅师生卒年限、参学行止、法嗣弟子等均不详。

猪肉案头

僧问:"龙华圣会[①],肇启兹辰。未审弥勒[②]世尊现居何处?"曰:"猪肉案头。"云:"既是弥勒世尊,为甚么却在猪肉案头?"曰:"不是弄潮人,莫入洪波里。"云:"毕竟事又且如何?"曰:"番人[③]不系腰。"

——《嘉泰普灯录》第七卷

【注释】

①圣会:圣时的际遇。《北史·泉企传》:"吾生平志愿,不过令长,幸逢圣会,位亚台司。"

②弥勒:即弥勒佛,大乘佛教经典中又常被称为阿逸多菩萨摩诃萨,是世尊释迦牟尼的继任者,将在未来娑婆世界降生世尊,成为娑婆世界的下一尊佛,在贤劫千佛中将是第五尊佛,常被尊称为当来下生弥勒尊佛。被唯识学派奉为鼻祖,其庞大思想体系由无

著菩萨、世亲菩萨阐释弘扬,深受中国大乘佛教大师支谦、道安和玄奘的推崇。

弥勒佛、布袋和尚(即大肚弥勒)、布袋罗汉并非同一人。

③番人:指中国古代对周边少数民族和外国人的称呼。

明月印沧州

问:"曙色未分人尽望,月圆当午意如何?"曰:"龙蛇混杂,凡圣同居。"云:"未审还有祖师意也无?"曰:"碧潭秋夜冷,明月印沧州。"云:"学人未晓其言,请师端的。"曰:"蔡伦池①内,石马犹存。"以拂子击禅床曰:"会么?"云:"不会。"曰:"毗婆尸佛②早留心,直至如今不得妙。"

——《嘉泰普灯录》第七卷

【注释】

①蔡伦池:在蔡伦故里湖南耒阳市的古城街蔡侯祠内。蔡伦池长百余步,宽二十余步,池中间有一隔断小道,中间有一小桥名"思侯桥",也叫"纸桥",桥上有一六柱亭阁,六根支柱为麻石雕成,葫芦阁顶,琉璃瓦,象鼻飞檐,两边上书亭匾"思侯亭",隔断小道东西穿越而过,精雕汉白玉栏杆。蔡伦池远看平凡,和乡村池塘没有两样,近观俯瞰,却有奇特之景,东西两池水位一样,水流相通,却两池水色有异,东池水呈橘绿色,而西池水却呈橘黄色,池中水面四季平静如镜,不见泉眼翻腾出水,夏季不溢,冬季不枯,四季不腐,实际上这都是经过特殊处理的,象征和昭示着蔡伦造纸术的核心技术:浸泡、发酵、过滤等工艺。

②毗婆尸佛:为过去七佛之第一佛。又作毗钵尸、鞞婆尸佛、

维卫佛。意译为胜观佛、净观佛、胜见佛、种种见佛。即过去庄严劫中出现之佛。释尊于因位修百劫相好业时,偶逢此佛坐于宝龛中,威光赫奕,遂七日七夜翘足赞叹之。巴利文大史谓此佛乃以燃灯佛为首的二十四佛中之第十九佛。另根据《长阿含卷一大本经》所载,此佛出世于过去九十一劫前,其时人寿八万岁,其父名槃头,刹帝利种,姓拘利若,母槃头婆提,子名方膺。其时之王名槃头,王城名槃头婆提。此佛于波波罗树下成道,初会说法度众十六万八千人,次会说法度众十万人,三会说法度众八万人,其中有骞陀、提舍二高足,执事弟子名无忧。

慧明云禅师

【禅师简介】

泉州慧明云禅师,泐潭洪英禅师法嗣。禅师生卒年限、参学行止、法嗣弟子等均不详。

棒头见血

僧问:"般若海①中如何为人?"师曰:"云开银汉迥。"僧云:"毕竟又如何?"师曰:"棒头见血。"问:"毗婆尸佛早留心,直至如今不得妙,意旨如何?"师曰:"丑拙不堪当。"僧云:"忽然当又作么生?"师曰:"半钱也不直。"僧云:"如何即是?"师曰:"赵州南、石桥北。"僧礼拜,师击禅床三下。

——《续传灯录》卷第十八

【注释】

①般若海:简单讲,就是智能深广无边之意。般若,就是智慧的意思。"海"是比喻之词,喻深广大无边之意。

谷隐静显禅师

【禅师简介】

　　襄州谷隐静显禅师，黄龙二世仰山行伟禅师法嗣。西蜀安枢密之别业田，丁家子。南游，参仰山伟公有诗偈：九九八十一，日南长至日。晷运既推移，大家相委悉。非为世谛流布，且要应时纳祐。又：今朝正月五，大众明看取。火上更加热，苦中更加苦。堪笑谷隐太无端，空谷岩前流谜语，生卒塔藏不详，法嗣四人：石门政禅师、白水宗月禅师、兴阳浩禅师、谷隐阇禅师。

重叠关山路

　　问："文彩既彰,愿闻举唱。"师曰："巡海夜叉①头戴角。"僧云："祇园五叶花开处,不别东君②别是春。"师曰："重叠关山路。"问："一镞破三关③即不问,道人相见时如何？"师曰："贼身已露。"

　　　　　　　　　　——《嘉泰普灯录》第七卷

【注释】

　　①夜叉：或译为"药叉"。像丑，会吃人，喻丑陋、凶恶的人。叉，为勇捷、动作迅速，因而民间传说为"捷疾鬼""能咬鬼"，比

喻成凶悍之人。也有成为护法的夜叉。

②东君：汉族民间信仰的司春之神。唐代王初《立春后作》诗："东君珂佩响珊珊，青驭多时下九关。方信玉霄千万里，春风犹未到人间。"

③一镞破三关：禅宗公案名。意谓单以一箭即射破三道关门。比喻以一言半句即截断一切妄念分别；不历阶次，即可直显本来面目，直透本地风光。《碧岩录》第五十六则：良禅客问钦山：一镞破三关时如何？山云：放出关中主看。良云：恁么则知过必改。山云：更待何时？良云：好箭放不着所在。便出。山云：且来，阇梨。良回首，山把住云：一镞破三关即且止，试与钦山发箭看。良拟议，山打七棒云：且听这汉疑三十年。雪窦从显颂云：与君放出关中主，放箭之徒莫莽卤。取个眼兮耳必聋，舍个耳兮目双瞽。可怜一镞破三关，的的分明箭后路。君不见玄沙有言兮，大丈夫先天为心祖。

仰山清菌禅师

> 【禅师简介】
>
> 袁州仰山清菌禅师,百丈元肃禅师法嗣。禅师生卒年限、参学行止等不详,法嗣二人:仰山普禅师、天宁蕴禅师。

心不负人

僧问:"优钵昙华①今日现,愿将花蕊接迷情。"师曰:"但得雪消去,自然春到来。"僧云:"一闻千悟立证圜通也。"师曰:"心不负人,面无惭色。"问:"二十年来方外客,今朝出世事何如?"师曰:"云从龙风从虎。"僧云:"万丈白云藏不得,一轮明月耀青天。"师曰:"行到水穷处,坐看云起时。"问:"集云峰下分明事,请师分付四藤条②。"师曰:"赵州八十方行脚③。"僧云:"得恁么不知时节。"师曰:"行到南泉④即便休。"

——《续传灯录》卷第十八

【注释】

①优钵昙花:就是优昙花,全音译为"优昙钵罗花",意为"祥瑞灵异的花"。

②四藤条:仰山四藤条,禅宗公案名。为仰山慧寂接引霍山景通之公案。景通初至仰山会下参谒时,仰山不示以任何机法,径自

闭目而坐，景通亦未叩问以任何法要，即叠声道"如是如是"，而自以为洞彻仰山之意，遂遭仰山以藤条四度击打。盖仰山之意，概谓当体所显现之任何状态皆为日用所作，而不应一意执著之，故四度击打景通，以勘验其是否真正彻悟。《景德传灯录》卷十二"晋州霍山景通"条：师初参仰山，仰山闭目坐。师曰："如是如是，西天二十八祖亦如是，中华六祖亦如是，和尚亦如是，景通亦如是。"语讫，向右边翘一足而立。仰山起来打四藤杖，师因此自称集云峰下四藤条天下大禅佛。

③赵州八十方行脚：唐大中十一年（857），八十高龄的从谂禅师（778—897）行脚至赵州，受信众敦请驻锡观音院，弘法传禅达四十年，僧俗共仰，为丛林模范，人称"赵州古佛"。其证悟渊深、年高德劭，享誉南北禅林并称"南有雪峰，北有赵州"，"赵州眼光烁破天下"。

④南泉：即南泉普愿禅师（748—834），俗姓王，郑州新郑（今河南）人。九岁时跪请父母同意他出家，投奔密县（今河南）大隈山大慈禅师学习禅道。他刻苦勤勉，守志不渝，深得大慈法师的喜爱。大历十二年（777），时普愿三十岁，至嵩山会善寺，受具足戒。研习《四分律疏》。后投江西洪州开元寺马祖道一学习禅法。贞元十一年（795）挂锡池阳南泉山，填塞谷地，砍伐山木，建造佛寺，烧草种粮，过着自给自足的清修生活，不离开南泉山达三十年。他所建的寺院称"南泉禅院"，人称他"南泉禅师"。太和八年（834）示寂，享年八十七岁，僧腊五十八年。

安化闻一禅师

> **【禅师简介】**
> 潭州安化闻一禅师,黄龙二世庐陵隆庆庆闲禅师法嗣。住潭州安化启宁寺弘法,称启宁闻一禅师。禅师生卒年限、参学行止、法嗣弟子等均不详。

西天此土

僧问:"意旨不到处特地好商量,未审是什么人境界?"师曰:"张三李四。"僧云:"木人把板云中拍,石女唧①笙②水底吹。"师曰:"乱走作什么?"僧云:"也要和尚识得。"师曰:"西天③此土。"

——《续传灯录》卷第十八

【注释】

①唧:同"衔"。这里作含着、用嘴叼。

②笙:管乐器名,一般用十三根长短不同的竹管制成,是源自中国的簧管乐器,是世界上最早使用自由簧的乐器,由笙苗中簧片发声,是能奏和声,吹气及吸气皆能发声,其音色清晰透亮。在传统器乐和昆曲里,笙常常被用作其他管乐器如笛子、唢呐的伴奏,

为旋律加上纯四度或纯五度和音。在现代国乐团,笙可以担当旋律或伴奏的作用。

③西天:(1)中国古代对印度的称谓,因为印度古称天竺,在中国西南方向,故略称西天;所谓"西天取经"即指去印度取经。(2)佛教用语:指极乐世界。(3)指人死后灵魂要去的地方、阴间。

大沩齐恂禅师

【禅师简介】

潭州大沩齐恂禅师，泐潭洪英禅师法嗣。禅师生卒年限、参学行止、法嗣弟子等均不详。

草里汉

僧问："玉兔①不怀胎，犊牛②为什么却生儿？"师曰："着槽厂③去。"僧云："牧牛坡下？"师曰："莫教落草。"僧云："步步踏着？"师曰："草里汉④。"

——《续传灯录》卷第十八

【注释】

①玉兔：又称月兔，是汉族神话传说中居住在月球上的兔子。在许多文化中，特别是在东亚的民间传说和阿兹特克神话中，常塑造成用研杵捣研钵的形象。在中国神话中，月兔在月宫陪伴嫦娥并捣药。

②犊牛：小牛。清代龚自珍《黄犊谣》："黄犊踯躅，不离母腹。踯躅何求？乃不如犊牛。"

③槽厂：马房也。泛指僧人安置、住宿之所。《六祖坛经》曰："五祖云：这獦獠根性大利，汝更勿言，着槽厂去。慧能退至后院，有一行者，差慧能破柴踏碓。"

④草里汉：禅林用语。因草深而迷路者，引申为陷入第二义门之人。《碧岩录》第三十六则之夹注："不可落草，故缺不少，草里汉！"

龙王山善随禅师

【禅师简介】

潭州龙王山善随禅师，仰山行伟禅师法嗣。禅师生卒年限、参学行止、法嗣弟子等均不详。

水晶宫殿

僧问："如何是龙王境？"师曰："水晶宫殿。"曰："如何是龙王如意宝珠？"师曰："顶上[①]髻中。"僧礼拜，师曰："莫道不如意好。"

——《续传灯录》卷第十八

【注释】

①顶上：（1）顶头，高处。指山巅、头顶。（2）顶礼拜上。极表尊敬。

空室智通道人

【禅师简介】

空室道人智通，黄龙三世死心悟新禅师（二世晦堂祖心法嗣）之法嗣，龙图范珣之女。智通道人幼时极聪慧，长大后嫁给丞相苏颂之孙子苏悌。大概是婚姻不幸，不久即厌离世相，后回到娘家，请求父母允许落发出家，其父不肯，于是她便居家清修，号"空室智通道人"。后父母俱亡，兄涓领分宁尉，通偕行。闻死心名重往谒之，心然之，由是道声籍甚。政和间，居金陵，尝设浴于保宁，后挂锡姑苏之西竺，易名为尼"惟久"，缁白日夕师问，得其道者颇众。示寂时，书偈趺坐而终。有《明心录》行于世，佛果禅师为之序，灵源、佛眼皆有偈赞之。

一华五叶

后父母俱亡，兄涓领分宁尉，通偕行。闻死心名重往谒之，心见知其所得便问："常啼菩萨卖却心肝，教谁学般若？"通曰："尔若无心我也休。"又问："一雨所滋根苗有异，无阴阳地[①]上生个甚么？"通曰："一花五叶。"复问："十二时中向甚么处安身立命②?"通曰:"和尚惜取眉毛好。"心打曰:"这妇女乱作次第。"通礼拜,心然之,于是道声籍甚。

——《续传灯录》卷第二十三

【注释】

①无阴阳地:意即佛地。佛性无二,故有无阴阳地之称。

②安身立命:安身,在某处安下身来;立命,精神有所寄托。指生活有着落,精神有所寄托。宋代释道原《景德传灯录》卷十:"僧问:'学人不据地时如何?'师云:'汝向什么处安身立命?'"

设浴供众

政和年间,智通道人居金陵①,曾设浴于保宁寺②供众。张榜于门曰:

一物也无,洗个甚么?

纤尘若有,起自何来?

道取一句子玄,乃可大家入浴。

古灵只解揩背,开士何曾明心?

欲证离垢地时,须是通身汗出。

尽道水能洗垢,焉知水亦是尘。

直饶水垢顿除,到此亦须洗却。

——《续传灯录》卷第二十三

【注释】

①金陵：今南京。

②保宁寺：保宁寺位于南京城内，是南京著名的古刹之一。系三国时代吴大帝赤乌四年（241）西天竺僧康僧会所建。于南朝刘宋时，称为只园寺。唐开元年间（713—741），改称长庆寺。南唐保大年中（943—957）又改称奉先寺。至宋太平兴国年间（976—984），帝赐以"保宁寺"之额。寺中有凤凰台、白塔、观音殿、罗汉堂、水陆堂等建筑。

法轮应端禅师

【禅师简介】

潭州法轮应端禅师，黄龙三世灵源惟清禅师法嗣（二世晦堂祖心法嗣）。南昌人，俗姓涂。少依化度善月圆颅登具，后谒真净文禅师机不谐。至云居，会灵源分座，为众激昂，师扣其旨，由此誉望四驰，名士夫争挽应世皆不就，政和末太史张公司成以百丈坚命开法，师不得已始从。禅师生卒年限、法嗣弟子等均不详。

带累菩萨

谒真净文禅师机不谐。至云居，会灵源分座为众激昂，师扣其旨，然以妙入诸经自负，源尝痛札之。师乃援马祖[①]百丈[②]机语及华严宗旨为表，源笑曰："马祖、百丈固错矣，而华严宗旨与个事[③]喜[④]没交涉。"师愤然欲他往，因请辞，及揭帘忽大悟，汗流浃背。源见乃曰："是子识好恶矣，马祖、百丈、文殊[⑤]、普贤[⑥]几被汝带累。"由此誉望四驰，名士夫争挽应世皆不就。

——《续传灯录》卷第二十三

【注释】

①马祖:马祖道一(709—788),汉州什邡(今四川什邡市马祖镇)人。俗家姓马,后人尊为马祖,又称马道一、洪州道一、江西道一。唐代著名禅师,开创南岳怀让洪州宗。史书说他容貌奇异,牛行虎视,舌头长得可以触到鼻,脚下有二轮文。谥号"大寂禅师"。马祖道一禅师门下极盛,号称"八十八位善知识",法嗣有一百三十九人,以西堂智藏、百丈怀海、南泉普愿最为闻名,号称洪州门下"三大士"。百丈怀海下开衍出临济、沩仰二宗。

②百丈:百丈怀海禅师(749—814)是中国禅宗史上的重要人物,唐代禅宗高僧。原籍太原,远祖因西晋怀帝永嘉战乱,移居到福州,俗姓王。是洪州宗风开创者马祖道一大师的法嗣,禅宗丛林清规之制定者。因其后半生常住于洪州百丈山(今江西奉新),故世称"百丈禅师"。

③个事:这件事,指本分事。

④喜:恰好。

⑤文殊:文殊菩萨,音译作文殊师利、曼殊室利、满祖室哩,意译为妙德、妙吉祥、妙乐、法王子。又称文殊师利童真、孺童文殊菩萨。为佛教四大菩萨之一。与般若经典关系甚深,故称为大智文殊师利菩萨。或谓其为已成之佛,如《首楞严三昧经》卷下载,过去久远劫有龙种上如来,于南方平等世界成无上正等觉,寿四百四十万岁而入涅槃,彼佛即今之文殊师利法王子。所乘之狮子,象征其威猛,文殊菩萨是如来佛祖怙恃之一。

⑥普贤:普贤菩萨,音译为三曼多跋陀罗,曾译为遍吉菩萨,大乘佛教的四大菩萨之一,象征着理德、行德,与象征着智德、正德的文殊菩萨相对应,同为释迦牟尼佛的左、右胁侍。毗卢遮那佛、

文殊菩萨、普贤菩萨被尊称为"华严三圣"。

芒鞋竹杖走红尘

僧问："如何是宾中宾？"师曰："芒鞋竹杖走红尘。"曰："如何是宾中主？"师曰："十字街头逢上祖。"曰："如何是主中宾？"师曰："御马金鞭混四民[①]。"曰："如何是主中主？"师曰："金门谁敢抬眸觑。"曰："宾主已蒙师指示，向上宗乘[②]又若何？"师曰："昨夜霜风刮地寒，老猿岭上啼残月。"

——《续传灯录》卷第二十三

【注释】

①四民：是古代中国对平民职业的基本分工，指士、农、工、商，但其次序历代有所不同。

②向上宗乘：极悟之至极宗旨也。宗乘：各宗所弘之宗义及教典云宗乘。多为禅门及净土门标称自家之语。碧岩第五十则垂示曰："权衡佛祖，龟鉴宗乘。"

长灵守卓禅师

> 【禅师简介】
>
> 东京长灵守卓禅师，黄龙三世惟清禅师法嗣，宣和五年十二月二十七日示寂。有《长灵和尚语录》全一卷（无示介谌编）传世，收于《万续藏》第一二〇册。集录长灵守卓住舒州甘露禅院及庐州资福禅院之拈香祝、上堂语及偈颂、拈古、真赞等。卷末并附行状一篇。法嗣八人：育王介谌禅师、道场慧琳禅师、道场居慧禅师、显宁圆智禅师、乌回良范禅师、本寂文观禅师、温州符庵主、径山惟表首座。

人平不语，水平不流

僧问："丹霞烧木佛院主为甚么眉须堕落？"师曰："猫儿会上树。"曰："早知如是终不如是。"师曰："惜取眉毛。"问："如何是衲衣[①]下事？"师曰："天旱为民愁。"问："佛未出世[②]时如何？"师曰："绝毫绝厘。"曰："出世后如何？"师曰："填沟塞壑。"曰："出与未出相去几何？"师曰："人平不语，水平不流。"

——《续传灯录》卷第二十三

【注释】

①衲衣：一作纳衣。亦云粪扫衣，拾取人弃不顾与粪扫均之贱物，缝纳为法衣，故名粪扫衣，亦名纳衣。比丘着之，十二头陀行之一。

②出世：超脱人世束缚。佛教用语，佛教徒以人世为俗世，故称脱离人世束缚为出世。

梁山欢禅师

【禅师简介】

潭州梁山欢禅师,黄龙三世青原信禅师法嗣。禅师生卒年限、参学行止、法嗣弟子等均不详。

一重山后一重人

僧问:"大众云臻请师开示?"师曰:"天静不知云去处,地寒留得雪多时。"曰:"学人未晓玄言,乞师再垂方便。"师曰:"一重山后一重人。"

——《续传灯录》卷第二十三

应城道完禅师

【禅师简介】

安州应城寿宁道完禅师,黄龙三世褒亲瑞禅师法嗣。禅师生卒年限、参学行止、法嗣弟子等均不详。

斗量不尽

僧问:"云从龙风从虎,未审和尚从个甚么?"师曰:"一字空中画。"曰:"得甚么奇特?"师曰:"千手大悲提不起。"问:"十方国土中唯有一乘法,如何是一乘法?"师曰:"斗量不尽。"曰:"恁么则动容扬古路①、不堕悄然机②?"师曰:"作么生是悄然机?"僧举头看,师举起拂子。僧喝一喝,师曰:"大好悄然!"

——《续传灯录》卷第二十三

【注释】

①动容扬古路,不堕悄然机:取自香严智闲禅师之《悟道诗》。香严智闲禅师,唐代僧。青州(山东益都)人。初从百丈怀海出家,后谒沩山灵祐禅师,不契,泣涕辞去。偶于山中芟草,瓦砾击竹作声,廓然有省,乃悟沩山秘旨,因沐浴遥拜师兄,并作《悟道诗》:

一击忘所知,更不假修治;动容扬古路,不堕悄然机。处处无踪迹,声色外威仪;诸方达道者,咸言上上机。

②悄然:形容安静而无声,静静、无声离去。

景德慧昌禅师

【禅师简介】

南岳云峰景德慧昌禅师,黄龙三世庐山罗汉寺南禅师法嗣。禅师生卒年限、参学行止、法嗣弟子等均不详。

自生退屈

僧问:"高提祖印①即不问,觌面②相呈事若何?"师曰:"不劳拈出。"僧云:"不因渔父引,争得见波涛?"师曰:"酌然。"僧云:"言前道破无妨碍,物外③全提有像迁。"师曰:"独许阇梨。"僧云:"横身三界④外谁是出头人?"师曰:"争不足让有余。"僧云:"学人东西不辨南北不分。"师曰:"自生退屈。"

——《续传灯录》卷第二十三

【注释】

①祖印:祖师法印。宋代黄庭坚《次韵知命入青原山口》:"山形与祖印,岑绝两相当。"

②觌面:当面、迎面、见面。

③物外:谓超越世间事物,而达于绝对之境界。楞伽师资记大

通神秀章："禅师亦远俗尘，神游物外，契无相之妙理，化有结之迷途。"

④三界：指众生所居之欲界、色界、无色界。此乃迷妄之有情，在生灭变化中流转，依其境界所三个层次；又称作三有生死，或单称三有。因三界迷苦如大海之无边际，故又称苦界、苦海。在佛教术语中指众生所居之欲界、色界、无色界或指断界、离界、灭界等三种无为解脱之道。在萨满教术语中则指宇宙上、中、下三界。

浮山德宣禅师

【禅师简介】

舒州浮山德宣禅师,庐山罗汉寺南禅师法嗣。禅师生卒年限、参学行止、法嗣弟子等均不详。

天长地久

僧问:"如何是佛?"师曰:"天长地久。"僧云:"学人未晓?"师曰:"年老病生。"僧云:"同生同死又作么生?"师曰:"唤阇梨作佛得么?"

——《续传灯录》卷第二十三

雪窦持禅师

【禅师简介】

庆元府雪窦持禅师,黄龙三世象田卿禅师法嗣,郡之卢氏子。绍兴庚申冬,嘉兴府华亭性空妙普庵主造大盆,穴而塞之,修书寄雪窦持禅师曰:吾将水葬矣。壬戌岁持至见其尚存,作偈嘲之曰:咄哉老性空,刚要喂鱼鳖。去不索性去,只管向人说。禅师生卒年限、参学行止、法嗣弟子等均不详。

更待夜深看

僧问:"中秋不见月时如何?"师曰:"更待夜深看。"曰:"忽若黑云未散又且如何?"师曰:"争怪得老僧。"

——《续传灯录》卷第二十三

九仙祖鉴禅师

【禅师简介】

隆兴府九仙法清祖鉴禅师,黄龙三世慧日雅禅师法嗣,严陵人也。禅师生卒年限、参学行止、法嗣弟子等均不详。

惺惺寂寂

僧问:"如何是夺人不夺境①?"师曰:"惺惺②寂寂③。"曰:"如何是夺境不夺人?"师曰:"寂寂惺惺。"曰:"如何是人境两俱夺?"师曰:"惺惺惺惺。"曰:"如何是人境俱不夺?"师曰:"寂寂寂寂。"曰:"学人今日买铁得金去也。"师曰:"甚么处得这话头来。"

——《续传灯录》卷第二十三

【注释】

①夺人不夺境:临济宗祖师义玄大师接引学人的方法别具特点,分别有四料拣、四照用、四宾主、三玄三要。四料拣是根据学人不同根机而施以四种不同的接引方法,分为夺人不夺境、夺境不夺人、人境俱夺、人境俱不夺。重我执者破其我执,重法执者破除法执,执我执法者两执都破,不执我法者则不破。

②惺惺：原来指的是一种美好、动听的声音。如宋代杨无咎的《滴滴金》中："忆得歌翻肠断句，更惺惺言语。"说的就是那些令人永远不会忘掉的话语。

③寂寂：(1)寂静无声貌。(2)孤单；冷落。(3)犹悄悄。例：寒山《三字诗》：我居山，勿人识。白云中，常寂寂。司空曙《黄子陂》：岸芳春色晓，水影夕阳微。寂寂深烟里，渔舟夜不归。王维《途中口号》：广武城边逢暮春，汶阳归客泪沾巾。落花寂寂啼山鸟，杨柳青青渡水人。

佛心本才禅师

【禅师简介】

潭州（今湖南长沙）上封佛心本才禅师，三世黄龙惟清禅师之法嗣，俗姓姚，福州长溪（今福建霞浦）人。本才禅师自幼出家得度，并受具足戒，游方至大中、豫章、分宁等地，后住潭州上封寺。高宗绍兴年间示寂。法嗣四人：普贤元素禅师、鼓山僧洵禅师、鼓山祖珍禅师、仁王大心谟禅师。

大地微尘

至大中依海印隆禅师，见老宿达①道者看经，至一毛头师子百亿毛头一时现，师指问曰："一毛头师子怎么生得百亿毛头一时现？"达曰："汝乍入丛林岂可便理会许事。"师因疑之，遂发心领净头②职，一夕汛扫次印适夜参，至则遇结座掷拄杖曰："了即毛端吞巨海，始知大地一微尘。"师豁然有省。

——《续传灯录》卷第二十三

【注释】

① 宿达：德高望重的长者。南朝梁张缵《离别赋》序："太常

刘侯，前辈宿达，余在纨绮之岁，固已钦其风矣。"

②净头：禅林中，职司清扫厕所之职称。又作圊头、持净。《敕修百丈清规》卷四两序章列职杂务条："净头，扫地装香，换筹洗厕，烧汤添水，须是及时。稍有狼藉，随即净治。手巾、净桶，点检添换。"凡任此职，皆是自发道心。《僧堂清规》卷五载，此职不强请，交代前，维那挂小牓于厕所曰："下次净头缺人，如有结缘，请留芳名。"无愿者时，堂众互限开浴日，依戒腊次第勤务。古代祖师等发心入道，每自好当之，例如雪窦重显居众时，在灵隐寺司此职，故至今厕所有"雪隐"之美称。此外，净头之居所，称净头寮。

大彻自在

及出闽造豫章黄龙山，与死心机不契，乃参灵源。凡入室出必挥泪自讼①曰："此事我见得甚分明，只是临机②吐不出。若为奈何？"灵源知师勤笃，告以须是大彻，方得自在也。未几窃观邻案僧读《曹洞广录》，至"药山采薪归有僧问：'甚么处来？'山曰：'讨柴来。'僧指腰下刀曰：'鸣剥剥是个甚么？'山拔刀作斫势。"师忽欣然掴邻案僧一掌，揭帘趋出冲口说偈曰：

彻、彻、彻！大海干枯虚空迸裂。

四方八面绝遮拦，万象森罗齐漏泄。

——《续传灯录》卷第二十三

【注释】

①自讼：自己责备自己；为自己讼诉。

②临机：谓面临变化的机会和情势。元代耶律楚材《和公大禅师塔记》："殊不知大善知识，临机应物，一抑一扬，一夺一纵，若珠之走盘，千变万化，讵可以一途而测邪？"苏曼殊《敬告十方佛弟子启》："出家菩萨，临机权化，他戒许开，独于色欲有禁，当为声闻示仪范故。"

黄龙道震禅师

【禅师简介】

隆兴府（今江西南昌）黄龙山堂道震禅师，泐潭善清禅师（二世晦堂祖心法嗣）之法嗣，俗姓赵，金陵人。道震禅师少依觉印禅师为童子，觉印英禅师后移居泗州（今安徽泗县）普照寺，道震禅师亦随而前往。当时正好赶上淑妃择度童行，道震禅师因而得度，并受具足戒。禅师生卒年限、法嗣弟子等均不详。

明月挂空

一日与论洞上宗旨，师呈偈曰：

白云深覆古寒岩，异草灵花彩凤衔。
夜半天明日当午，骑牛背面着靴衫。

淳①器之，师自以为碍，弃依草堂②一见契合。日取藏经读之，一夕闻晚参鼓，步出经堂，举头见月。遂大悟，亟趋方丈，堂望见即为印可。

——《续传灯录》卷第二十三

【注释】

①淳：子淳（1064—1117）俗姓贾，四川梓童人。他二十岁出家后四处行脚，遍访天下高僧大德，最后在芙蓉道楷禅师那里获得大彻大悟，嗣其法，为曹洞宗传人。出住河南邓州丹霞山，世称"丹霞子淳"。他举扬曹洞宗禅风，法席隆盛，弟子达千人之多，盛冠禅林，在当时具有很大的影响。

②草堂：沩潭草堂善清禅师（1059—1142），黄龙祖心禅师之法嗣，俗姓何，南雄州（今广东韶关南雄市）人。出家后，游方参学。初礼潭州（今湖南长沙）大沩慕哲真如禅师。慕哲禅师是翠岩可真禅师之法嗣。善清禅师于大沩座下参学有年，却一无所得，于是又前往洪州参黄龙祖心禅师，终得印可。法嗣有黄龙山堂道震禅师、万年雪巢法一禅师、雪峰东山慧空禅师、育王野堂普崇禅师等。

四祖仲宣禅师

> 【禅师简介】
> 蕲州四祖仲宣禅师,智海智清禅师(二世云居元祐嗣)法嗣。住持黄梅四祖寺,有"六月长天降大雪,三冬岭上火云飞"法语传世。禅师生卒年限、参学行止、法嗣弟子等均不详。

鼠也护法

福严寔和尚①,东川②人。初游方见真如和尚③,发明正见。在沩山知客寮立僧④,因语言过失,乞退作园头⑤,以赎其罪。

真如云:"汝福薄,事园供众,乃所宜也。"

终二年,求替,辞真如,要参真净⑥、五祖⑦去。真如云:"遍历诸方先圣遗范,汝行,勿迟。"首造洞山⑧,室中相契,真净举领众立僧。久之,又至四祖宣和尚⑨会中,时时到五祖相见,祖勘辩⑩,果有过人处。

五祖谓四祖曰:"置首座,丛林达士,何不举他首众?"

四祖如其言。五祖亦上堂称其知见作略⑪。

有李修撰⑫帅长沙,四祖以书荐之。未几福严虚席,平普融复荐人。

帅曰:"当先应副四祖。"

但寻书未见,不识名字。因对客坐饮,有鼠从架上拖一轴书,送在面前，收视之，乃《四祖举置首座书》。帅异之，遂敦请。

——《宗门武库》

【注释】

①福严：寺名，在湖南衡岳。寘和尚：宋临济宗僧人，大沩慕喆禅师的弟子，《五灯会元》卷十二有简要介绍。

②东川：今四川成都。

③真如和尚：即大沩慕哲禅师。参见八十七页注②。

④知客寮：寺庙内接待来客的地方。立僧：又称首众，为众僧之仪范和统领。

⑤园头：寺庙中掌管菜园耕作的人。

⑥真净：宋临济宗黄龙派著名僧人克文。

⑦五祖：蕲州五祖晓常禅师。诸本多作杨岐派五祖法演禅师。

⑧洞山：真净曾在洞山（今江西新丰县境内）说法。这里即指真净。相契：契合，投缘。

⑨四祖宣和尚：宋临济宗黄龙派僧人仲宣，嗣智海智清，是黄龙慧南的第四代传人，住持黄梅四祖寺。

⑩勘辩：禅林师家判别修行者功力的一种方法。

⑪知见作略：认识水平和行为品德。

⑫李修撰，即李夔（1047—1121），字斯和，神宗元丰三年（1080）进士，调秀州华亭尉，移松溪尉，池州军事推官。历知钱塘县，鄜延经略安抚司勾当公事，签书平江军节度判官厅公事。徽宗即位，迁大宗正丞。久之，擢宗正少卿，兼学制局参详官，移太常少卿。大观四年（1110），知邓州，兼京西南路安抚使。改知颍州。宣和三年卒，年七十五。事见《龟山集》卷三二《李修撰墓志铭》。

天童普交禅师

> **【禅师简介】**
> 庆元府（今浙江龙泉）天童普交禅师，泐潭应干（二世常总嗣）禅师之法嗣，俗姓毕，本郡万龄人。普交禅师幼时颖悟，还未成年，即落发得度。后往南屏听习天台教义。普交禅师于北宋徽宗宣和六年（1124）三月二十日示寂，世寿七十七。法嗣一人蓬莱圆禅师。

汝会佛法邪

因为檀越①修忏摩②，有问曰："公之所忏罪为自忏邪为他忏邪？若自忏罪罪性何来？若忏他罪他罪非汝乌能忏之？"师不能对，遂改服游方。造泐潭③，足才蹍门，潭即呵之。师拟问，潭即拽杖逐之。一日忽呼师至丈室曰："我有古人公案，要与尔商量。"师拟进语，潭遂喝，师豁然领悟，乃大笑。潭下绳床执师手曰："汝会佛法邪？"师便喝，复拓开，潭大笑，于是名闻四驰学者宗仰。

——《续传灯录》卷第二十六

【注释】

①檀越：指施主，即施与僧众衣食，或出资举行法会等之信众。梵汉兼举称作：檀越施主、檀越主、檀那主、檀主。《大般涅槃经》卷十一云：宁以热铁周匝缠身，终不敢以破戒之身受于信心檀越衣服。

②忏摩：（1）意悔、忍恕。谓乞请他人忍恕自己之罪过。（2）系以野麻作成之衣。语出四分律开宗记卷三末。另据《大唐西域记》卷二之说，印度人所着衣物中，以野蚕丝制成者称为憍奢耶衣，以麻类制成者即称为丛摩衣。

③沩潭：即沩潭应干禅师。

圆通道旻禅师

【禅师简介】

江州圆通道旻圆机禅师,世称"古佛",泐潭应干禅师(二世东林常总法嗣)之法嗣。兴化(今福建莆田)蔡氏子。母梦吞摩尼宝珠有孕,生五岁足不履口不言。母抱游西明寺见佛像,遽履地合爪称"南无佛"仍作礼。依景德寺德祥出家试经得度。遍往参激皆染指,亲沩山喆禅师最久,晚慕泐潭往谒。法嗣七人:圆通守慧禅师、黄龙道观禅师、左丞范冲居士、枢密吴居厚居士、谏议彭汝霖居士、中丞卢航居士、左司都贶郑居士。

南山云北山雨

亲沩山喆禅师最久,晚慕泐潭往谒,潭见默器之,师陈历参所得不蒙印可。潭举世尊拈华迦叶微笑①语以问,复不契。后侍潭行次,潭以挂杖架肩长嘘曰:"会么?"师拟对,潭便打。有顷复拈草示之曰:"是甚么?"师亦拟对,潭遂喝,于是顿明大法,作拈华势。乃曰:"这回瞒旻上座不得也。"潭挽曰:"更道更道。"师曰:"南山起云北山下雨。"即礼拜,潭首肯。

——《续传灯录》卷第二十六

【注释】

①世尊拈华迦叶微笑：即拈花微笑，也作拈花一笑，佛教语，禅宗以心传心的第一宗公案：大梵天王在灵鹫山上请佛祖释迦牟尼说法，佛祖拈起一朵金婆罗花，意态安详，却一句话也不说。大家都不明白他的意思，面面相觑，唯有摩诃迦叶破颜轻轻一笑，于是佛祖宣布："吾有正法眼藏，涅槃妙心、实相无相、微妙法门、不立文字，教外别传付汝。"这就是禅宗"拈花一笑"和"衣钵真传"的典故，也是禅宗的开始，因此中国把摩诃迦叶列为西天第一代祖师。

二灵知和庵主

【禅师简介】

庆元府（今浙江龙泉）二灵知和庵主，泐潭应干禅师之法嗣，俗姓张，苏台玉峰人。北宋徽宗宣和七年（1125）四月十二日，知和禅师示寂，趺坐而逝。知和禅师圆寂后，正言陈公特地为他撰写了行状，并详细地记录了他在示疾期间的种种异迹。后来还为他塑了像，旁边有二虎陪伴。禅师生卒年限、参学行止、法嗣弟子等均不详。

月印青天

儿时尝习坐垂堂，堂倾父母意其必死，师瞑目自若，因使出家年满得度。趋谒泐潭，潭见乃问作甚么？师拟对，潭便打，复喝曰："尔唤甚么作禅师？"蓦领旨，即曰："禅无后无先，波澄大海，月印青天。"又问："如何是道？"师曰："道，红尘浩浩、不用安排、本无欠少。"潭然之。次谒衡岳辩禅师，辩尤契重。

——《续传灯录》卷第二十六

太白峰多高

元符间抵雪窦之中峰、栖云两庵逾二十年,尝有偈曰:

竹筧①二三升野水,松窗五七片闲云。
道人活计只如此,留与人间作见闻。

有志于道者多往见之。僧至礼拜,师曰:"近离甚处?"曰:"天童。"师曰:"太白峰高多少?"僧以手斫额作望势,师曰:"犹有这个在?"曰:"却请庵主道?"师却作斫额势,僧拟议,师便打。

——《续传灯录》卷第二十六

【注释】

①竹筧:引水的长竹管。在山间常见的筧,都是用粗壮年老的毛竹制成。人们将砍来的大毛竹剖成两半,再用锋利的板凿打通竹节,使之平滑无阻,引水以供日用。宋代陆游《闲户》诗之一:"地炉枯叶夜煨芋,竹筧寒泉晨灌蔬。"

无尽居士

【居士简介】

丞相张商英居士（1044—1122），黄龙宗三世兜率从悦禅师之在家得法弟子（载《五灯会元》卷第十八、《续传灯录》卷第二十六），字天觉，号"无尽居士"，四川新津人，北宋宰相。张商英长身伟岸，洒脱不拘，恃其意气，不肯屈居人下，气节豪迈。著有《护法论》《续清凉传》《无尽居士集》等。

赃在甚处

元祐六年无尽为江西漕①首，按部过分宁，夜宿兜率，与悦语次称赏东林，悦未肯其说。公乃题寺后拟瀑轩诗，其略曰："不向庐山寻落处，象王鼻孔谩辽天。"意讥其不肯东林也。公与悦语至更深，论及宗门事。悦曰："东林既印可运使②，运使于佛祖言教有少疑否？"公曰："有。"悦曰："疑何等语？"公曰："疑香严独脚颂③、德山拓钵话④。"悦曰："既于此有疑其余安得无邪？只如岩头言末后句，是有邪是无邪？"公曰："有。"悦大笑便归方丈闭却门，公一夜睡不稳，至五更下床，触翻溺器，乃大彻。猛省前话，遂有颂曰：

鼓寂钟沉拓钵回，岩头一捺⑤语如雷。
果然只得三年活，莫是遭他授记来。

遂扣方丈门曰："某已捉得贼了。"悦曰："赃在甚处？"公无语，悦曰："都运且去来日相见。"翌日公遂举前颂，悦乃谓曰："参禅只为命根不断依语生解，如是之说公已深悟。然至极微细处，使人不觉不知堕在区宇。"乃作颂证之曰：等闲行处步步皆如，虽居声色宁滞有无。一心靡异万法非殊，休分体用莫择精粗。临机不碍应物无拘，是非情尽凡圣皆除。谁得谁失何亲何疏，拈头作尾指实为虚。翻身魔界转脚邪途，了无逆顺不犯工夫。公邀悦至建昌，途中一一伺察有十颂叙其事，悦亦有十颂酬之。

——《续传灯录》卷第二十六

【注释】

①漕：利用水道转运粮食。漕运：旧时指国家从水道运输粮食，供应京城或接济军需。

②运使：即转运使。宋太宗时于各路设转运使，称某路诸州水陆转运使，其官衔称转运使司，俗称漕司。转运使除掌握一路或数路财赋外，还兼领考察地方官吏、维持治安、清点刑狱、举贤荐能等职责。宋真宗景德四年（1007）以前，转运使职掌扩大，实际上已成为一路之最高行政长官。

③香严独脚颂：禅宗公案：香严智闲禅师"独脚颂"云："子啐母啄，子觉无壳。子母俱亡，应缘不错。同道唱和，妙云独脚。"

④德山托钵公案：雪峰在德山作饭头，一日饭迟，德山擎钵下法堂。峰晒饭巾次，见德山乃曰："钟未鸣，鼓未响，托钵向甚么

处去？"德山便归方丈。峰举岩头全奯禅师。全奯禅师曰："大小德山未会末后句在。"山闻，令侍者唤全奯禅师去。问："汝不肯老僧那？"全奯禅师密启其意，山乃休。明日升堂，果与寻常不同，全奯禅师至僧堂前，拊掌大笑曰："且喜堂头老汉会末后句，他后天下人不奈伊何！虽然，也只得三年活。"三年后，德山禅师果然示灭。

⑤拶：（1）音 zā，逼迫："崩腾相排拶"。（2）音 zǎn，压紧：拶指：用拶子套入手指，再用力紧收，是旧时的一种酷刑。

金刚眼睛

师①因湛堂和尚示寂，请觉范状其行实，又得龙安照禅师②书为绍介，特往荆南③谒无尽居士求塔铭。初见无尽，无尽立而问曰："公只恁么着草鞋远来？"对曰："某数千里行乞来见相公。"又问："年多少？"对曰："二十四。"又问："水牯牛年多少？"对曰："两个。"又问："什么处学得这虚头来？"对曰："今日亲见相公。"无尽笑曰："且坐吃茶。"才坐又问："远来有何事？"遂起趋前云："泐潭和尚④云寂荼毗⑤，眼睛牙齿数珠不坏，得舍利弗无数，山中耆宿皆欲得相公大手笔作塔铭，激励后学，得得远来冒渎钧听。"无尽曰："被罪在此，不曾为人作文字，今有一问问公，若道得即做塔铭，道不得即与钱五贯，里足却归兜率参禅去。"遂曰："请相公问。"无尽曰："闻准老眼睛不坏是否？"答曰："是。"无尽曰："我不问这个眼睛。"曰："相公问什么眼睛？"无尽曰："金刚眼睛。"曰："若是金刚眼睛，在相公笔头上。"无尽曰："如此则老夫为他点出光明，令他照天照地去也。"师乃趋阶云："先师多幸！谢相公塔铭。"无尽唯唯而笑。

其略曰：

舍利孔老之书无闻也。先佛世尊灭度，弟子收舍利弗起塔供养。赵州从谂舍利多至万粒，近世隆庆闲百丈肃，烟气所及皆成舍利。大抵出家人，本为生死事大，若生死到来不知下落，即不如三家村里省事汉。临终付嘱一一分明，四大色身诸缘假合。从本以来舍利岂有体性，若梵行精洁白业坚固，灵明廓彻预知报谢不惊不怖。则依正二报毫爽不差，世间粗心于本分事上，十二时中不曾照管微细流注。生大我慢，此是业主鬼来借宅，如此而欲舍利流珠诸根不坏，其可得乎！

——《宗门武库》

【注释】

①师：这里指大慧宗杲，出道之初曾参泐潭文准禅师。

②龙安照禅师：兜率慧照禅师，兜率从悦禅师法嗣，无尽居士（张商英）的师兄弟。龙安，地名，又名龙安寨，兜率禅寺所在地，今属江西省修水县渣津镇。

③荆南：又称南平、北楚，高季兴所建，为五代十国时期的十国之一。荆南都城为荆州，辖荆、归（今湖北秭归）、峡（今湖北宜昌）三州。

④泐潭：地名，也是寺院名，这里借指湛堂文准禅师，因其住持过泐潭。

⑤荼毗：佛教语，意为焚烧。指僧人死后将尸体火化。

财法二施

无尽居私第日,适年荒。有道士辈,诣门教化食米。无尽遂劝各人诵《金刚经》,若诵得一分,施米一斗,如诵毕施米三石二斗,化渠结般若缘。故云:财法二施。每遇僧又劝念《老子》[①],使其互相知有,观其护教之心,直如是尔。

——《宗门武库》

【注释】

① 《老子》:即《道德经》,是中国古代先秦诸子分家前的一部著作,为其时诸子所共仰,是春秋时期老子(即李耳)哲学著作。在先秦时《吕氏春秋》注称为《上至经》,在汉初则直呼《老子》。自汉景帝起此书被尊为《道德经》,至唐代唐太宗曾令人将《道德经》翻译为梵文。唐高宗尊称《道德经》为《上经》,唐玄宗时更尊称此经为《道德真经》。古代马王堆版是上篇《德篇》和下篇《道篇》不分章,现代通行版本共八十一章,前三十七章是《道篇》,后四十四章为《德篇》。《道德经》这部神奇宝典被誉为万经之王,是中国历史上最伟大的名著之一,对中国哲学、科学、政治、宗教等产生了深刻影响。据联合国教科文组织统计,《道德经》是除了《圣经》以外被译成外国文字发布量最多的文化名著。

兜率慧照禅师

> **【禅师简介】**
> 隆兴府兜率慧照禅师，南安（福建南安）郭氏子，兜率悦禅师法嗣。禅师生卒年限、参学行止、法嗣弟子等均不详。

无须惊叹

湖南小景滔，有才学，曾著《无缝塔①铭》。大通本禅师用其语，答无缝塔话云："烟霞生背面，星月绕檐楹②。"

滔居岳麓寺，律身精进，偶一夜经行殿陛失脚被攧，傍僧掖起，昏愦不晓人事，至于平生所著文字，亦不能晓。

兜率慧照禅师，初游方过岳麓，闻老宿言滔事，照惊曰："我此生参禅不明心地，亦如滔也。偶一失跌尚如此，况隔阴③耶！"

——《宗门武库》

【注释】

①无缝塔：僧死入葬，地上立一圆石作塔，没有棱、缝、层级，故称无缝塔。以形如卵，又称卵塔。《五灯会元·南阳慧忠国师》："师涅槃时至，乃辞代宗。代宗曰：'师灭度后，弟子将何所记？'师曰：

'告檀越，造取一所无缝塔。'"《五灯会元·南泉愿禅师法嗣·灵鹫闲禅师》："仰山问：'寂寞无言，如何视听？'师曰：'无缝塔前多雨水。'"

②烟霞生背面，星月绕檐楹：塔虽无缝，它照样可以背面生起的烟霞和绕檐的星月来启示人。这是譬喻说禅家即使不用言语，也能接引人。

③隔阴：隔世。

劳而无功

开堂日，上首白槌①竟，师顾视云："还观得么？若观得去，便能卷舒无碍，隐显自由；若观不得，第二义门②出来相见。"问："如何是第一义谛③？"师云："槌下分付。"僧曰："第二义门请师举唱。"师云："千家帘幕春光在，几处园林日色明。"僧曰："学人未晓。"师云："劳而无功。"僧曰："争奈分付了也。"师云："一人传虚，万人传实。"

——《建中靖国续灯录》卷二十四

【注释】

①白槌：佛教仪式。办佛事时由长老持白杖以宣示始终。《祖庭事苑》八："白槌，世尊律仪，欲辨佛事，必先秉白，为穆众之法也。今宗门白槌，必命知法尊宿以当其任。"

②第二义门：佛教术语。即由向上之平等处，回入向下差别门之教理法门。于宗门中，第一义门（向上门）多指真实绝对悟境的佛道究极之旨，或不执于世缘的上求菩提之修行道法；相对于此，方便权巧，假借名言而设立之教义法门，或随顺世情以教化众生之

菩萨行,则属第二义门(向下门)。亦即以种种方法截断众生之惑障,以破除迷妄,导引趣向成佛得悟之道。其所用之教义、机法往往相对于第一义门之入理深谈,而与"第二机""第二头"同义,皆指舍离向上大机、第一义门,而回入方便道之法门。同类用语尚有门庭施设、落草、老婆心切等。

③第一义谛:是指至高无上圆满究竟之真理。那么,什么是第一义谛呢?佛言:"一切诸法皆是虚假,随其灭处,是名为实,是名实相,是名法界,名毕竟智,名第一义谛,名第一义空。"(《大般涅槃经·卷第四十》)世尊在这里明确开示:诸法实相是第一义谛。什么是诸法实相呢?《佛藏经》云:"何等名为诸法实相?所谓诸法毕竟空,无所有。"诸法实相,是佛法的基本原理,也是佛法与外道、魔说的分水岭。《三藏法数》云:"盖如来所说诸大乘经,皆以实相理印定其说。外道不能杂,天魔不能破。若有实相印,则是佛说;若无实相印,则是魔说。"

干地划船

上堂,举拂子云:"端午龙安亦鼓桡,青山云里得逍遥。饥餐渴饮无穷乐,谁爱争光夺锦标。却向干地上划船,高山头起浪。明椎玉鼓,暗展铁旗。一盏菖蒲茶,数个沙糖粽。且移取北郁单越①来,与南阎浮提②斗额看。"击禅床一下。

——《建中靖国续灯录》卷二十四

【注释】

①北郁单越:即北俱卢洲,亦称郁单越、郁怛罗、郁多罗鸠留、嗢怛罗矩噜等。佛家四大部洲之一,以须弥山为中心的四海之北。

②南阎浮提：即南赡部洲，又译南瞻部洲、琰浮洲、南阎浮洲、阎浮提鞞波等，为佛教传说中四大部洲之一。位于须弥山之南方咸海中，南赡部洲由四大天王之一的增长天王守卫。以岛上盛产赡部树，故名。此洲状如车形，洲中有金刚宝座，一切菩萨将登正觉，皆坐此座。洲南边三由旬半，东、西、北三边各长两千由旬。

世谛流布

上堂云："兜率都无伎俩，也敩①诸方榜样。五日一度升堂，起动许多龙象。禅道佛法又无，到此将何供养。须知达磨西来，分付一条拄杖。"乃拈起云："所以道：你有拄杖子，我与你拄杖子；你无拄杖子，我夺你拄杖子；且道哪个是宾句，哪个是主句？若断得去，即途中受用。若断不得，且世谛②流布。"乃抛下拄杖。

——《建中靖国续灯录》卷二十四

【注释】

①敩：教导，使觉悟。后作"教"。古同"学"："为敩者宗。"
②世谛：又名俗谛，或世俗谛，是世间的真理的意思。

袁州子圆禅师

> 【禅师简介】
> 袁州杨岐山子圆禅师，兜率悦禅师法嗣。禅师生卒年限、参学行止、法嗣弟子等均不详。

比为请益

问："如何是祖师西来意？"师云："如何是上座意？"僧曰："比为请益①。"师云："老僧答你不少。"

——《建中靖国续灯录》卷二十四

【注释】

①请益：请求增加；向人请教。

杨岐无异路

上堂云："杨岐无异路，到者皆省悟。若也更求玄，驴年得休去。珍重。"

慈氏瑞仙禅师

【禅师简介】

绍兴府慈氏瑞仙禅师,黄龙三世开先行瑛广鉴禅师之法嗣,本郡人。瑞仙禅师二十岁出家,试经得度,后专习毗尼(戒律)。瑞仙禅师后归故里,开法于慈氏。禅师生卒年限、参学行止、法嗣弟子等均不详。

恩大难酬

弃谒诸方,后至投子①。

广鉴问:"乡里甚处?"

师曰:"两浙东越。"

鉴曰:"东越事作么生?"

师曰:"秦望峰高,鉴湖水阔。"

鉴曰:"秦望峰与你自己是同是别?"

师曰:"西天梵语,此土唐言。"

鉴曰:"此犹是丛林只对,毕竟是同是别?"

师喝,鉴便打。

师曰:"恩大难酬。"

便礼拜。

——《续传灯录》卷第二十六

【注释】

①投子:即投子山,位于桐城市区北约二公里,亦名凤凰山,盖因其山形若凤。相传三国时吴将鲁肃兵败后将子投此为僧,故名投子山,山中有寺,即名投子寺。投子寺始建于唐懿宗咸通年间(860—874),是江淮之间著名的佛教禅院。投子晓钟乃桐城老八景之一。现山中存有投子禅寺、德柏庵、赵州桥、接官亭、钟楼等建筑。

西蜀銮法师

【禅师简介】

西蜀銮法师,黄龙三世法云杲禅师之法嗣,出家后专攻经论,精通大小乘。后投东京法云佛照杲禅师座下参学,佛照禅师辞去住持之职后,隐居景德寺,銮法师亦随而前往。禅师生卒年限、参学行止、法嗣弟子等均不详。

昨日雨、今日晴

师问照曰:"禅家言多不根①,何也?"

照曰:"汝习何经论?"

曰:"诸经粗知,颇通百法。"

佛照禅师便问:"只如昨日雨、今日晴,是甚么法中收?"

师懵然,照举痒和子击曰:"莫道禅家所言不根好!"

师愤曰:"昨日雨、今日晴,毕竟是甚么法中收?"

照曰:"第二十四时分,不相应法②中收。"

师恍然即礼谢。

——《续传灯录》卷第二十六

【注释】

①不根：没有根据、凭空捏造。

②不相应法：《大乘百法明门论》第四心不相应行法。"心不相应行法，略有二十四种，一得、二命根、三众同分、四异生性、五无想定、六灭尽定、七无想报、八名身、九句身、十文身、十一生、十二住、十三老、十四无常、十五流转、十六定异、十七相应、十八势速、十九次第、二十时、二十一方、二十二数、二十三和合性、二十四不和合性。"

云岩天游禅师

【禅师简介】

隆兴府（今江西南昌）云岩典牛天游禅师，泐潭文准禅师（黄龙二世克文法嗣）之法嗣，俗姓郑，成都人。天游禅师未出家前，曾赴郡庠和梓州两次参加考试，都获得了贡生之籍，但是他不肯接受，于是便更名出关游方。途中恰好遇上了山谷道人（黄庭坚居士），山谷道人见他风骨不凡，议论超卓，于是便与他同舟东下，来到庐山。后来，天游禅师就在庐山投师落发了。法嗣二人：径山智策禅师、报德智一禅师。

雪上加霜

首参死心不契，遂依湛堂于泐潭。

一日普说曰："诸人苦苦就准上座觅佛法。"

遂拊膝曰："会么？雪上加霜。"

又拊膝曰："若也不会，岂不见乾峰[①]示众曰：'举一不得举二，放过一着，落在第二。'"

师闻脱然颖悟。

——《续传灯录》卷第二十六

【注释】

①乾峰：越州乾峰和尚，洞山良价禅师之法嗣。

中岩蕴能禅师

【禅师简介】

眉州（今四川境内）中岩慧目蕴能禅师，黄龙三世大沩祖琇禅师之法嗣，本郡吕氏子。蕴能禅师二十二岁时，在本村落的一富贵人家，充当校书郎。一日，蕴能禅师偶游山寺，看见寺院里藏有很多禅籍，便随手翻阅，心中若有所得，于是落发受戒。蕴能禅师住持报恩寺三十余年，接人甚多，凡有说法，皆不许弟子录其语。示寂茶毗后，心舌不坏。法嗣一人毡头崇真化主。

杀得人即休

迨抵大沩，沩问："上座桑梓何处？"师曰："西川。"曰："我闻西川有普贤菩萨示现是否？"师曰："今日得瞻慈相。"曰："白象①何在？"师曰："牙爪已具。"曰："还会转身么？"师提坐具绕禅床一匝，沩曰："不是这个道理。"师趋出。一日沩为众入室，问僧："黄巢②过后还有人收得剑么？"僧竖起拳，沩曰："菜刀子。"僧曰："争奈受用不尽。"沩喝出，次问师："黄巢过后还有人收得剑么？"师亦竖起拳，沩曰："也只是菜刀子。"师曰："杀得人即休。"遂近前栏胸筑之，沩曰："三十年弄马骑，今日被驴子扑。"

——《续传灯录》卷第二十六

【注释】

①白象:就是白色的亚洲象,在古代暹罗国(今泰国)盛产大象,白色的象是非常稀少的,所以被视为珍宝。这里专指普贤菩萨的坐骑六牙四神足白象。

象有大威力,而其性柔顺,以象调顺,性无伤暴有大威力如善住龙,意表菩萨性善柔、有大势。而白色表示清净无染,白象代表普贤菩萨的愿行殷深,辛勤不倦。

②黄巢:黄巢(820—883),曹州冤句(今山东菏泽西南)人,唐末农民起义领袖。

和尚低声

室中问崇真毡头①:"如何是尔空劫②已前父母?"真领悟曰:"和尚且低声。"遂献投机颂曰:万年仓里曾饥馑,大海中住尽长渴。当初寻时寻不见,如今避时避不得。师为印可。

——《续传灯录》卷第二十六

【注释】

①崇真毡头:崇真毡头化主,黄龙宗中岩蕴能法嗣。

②空劫:佛教语。成、住、坏、空四劫之末。谓世界灭坏之后,再造之前的空虚阶段。

信相宗显禅师

【禅师简介】

　　成都府信相宗显正觉禅师，黄龙三世昭觉纯白禅师之法嗣，俗姓王，潼川（今四川三台）人。少年时即中进士，有声名。有一天，宗显禅师在溪边掬水为戏，到了晚上，他突然想起此事，便发现满室是水，清净泠然。他本想把水汲尽，却不可得，原来这一切尘境都是空的，如梦幻泡影一般。宗显禅师道："吾世网裂矣。"于是便前往昭觉寺，投纯白禅师出家。受具足戒后，宗显禅师每日随众咨参。禅师生卒年限、参学行止、法嗣弟子等均不详。

钉杀脚跟

觉一日问师："高高峰顶立，深深海底行。汝作么生会？"
师于言下顿悟曰："钉杀脚跟也。"
觉拈起拂子曰："这个又作么生？"
师一笑而出。

——《续传灯录》卷第二十六

白云关

　　南游至京师历淮浙，晚见五祖演和尚于海会。出问："未知关棙子，难过赵州桥。赵州桥即不问，如何是关棙子[①]？"祖曰："汝且在门外立。"师进步一踏而退，祖曰："许多时茶饭元来也有人知滋味。"明日入室，祖云："尔便是昨日问话底僧否？我固知尔见处，只是未过得白云关在。"师珍重便出。时圆悟为侍者，师以白云关意扣之。悟曰："尔但直下会取。"师笑曰："我不是不会，只是未谙，待见这老汉共伊理会一上。"明日祖往舒城，师与悟继往，适会于兴化。祖问师："记得曾在郡里相见来？"师曰："全火祗候[②]。"祖顾悟曰："这汉饶舌。"

——《续传灯录》卷第二十六

【注释】

① 棙子：机关，机轴。

② 祗候：恭迎、问候。

等觉普明禅师

【禅师简介】

福州等觉普明禅师，黄龙三世饶州荐福英禅师法嗣。禅师生卒年限、参学行止、法嗣弟子等均不详。

风清月白

僧问："如何是夺人不夺境？"师曰："风清月白。"僧云："如何是夺境不夺人？"师曰："灰头土面。"僧云："如何是人境俱不夺？"师曰："海晏河清。"僧云："如何是人境两俱夺？"师曰："水泄不通。"问："如何是宾中宾？"师曰："伶俜①更苦辛。"僧云："如何是宾中主？"师曰："问处甚分明。"僧云："如何是主中宾？"师曰："垂手入红尘。"僧云："如何是主中主？"师曰："宝剑当胸。"僧云："宾主已蒙师指示，向上宗乘事若何？"师曰："且待别时来。"

——《续传灯录》卷第二十六

【注释】

①伶俜：指孤单，孤独。古乐府《孔雀东南飞》："昼夜勤作息，伶俜萦苦辛。"

露裸裸、赤洒洒

开堂日,上首白槌罢,师良久,普视大众云:"奇哉,妙哉。是诸人还于此观得么?若实于此观得,尽十方世界更无微毫许法可与为见为闻,亦无纤芥①许法可与为对为待,可谓露裸裸、赤洒洒。若观不得,定是根尘结缚未解,凡圣情量不脱,终日只在是非得失里转倒,有什么用处?众中莫有超然独脱洒落的衲僧么?无妨出来,与你证明。"

——《建中靖国续灯录》卷二十四

【注释】

①纤芥:指细微。

当头道着

问:"当年裴相参黄檗①,笑指高僧问有因。府帅宪车临祖席,其中消息若为陈。"师云:"彼一时,此一时。"僧曰:"可谓风清八郡鱼龙跃,明耀千家日月心。"师云:"伶俐衲僧。"僧曰:"门外沙堤闻再筑,即承天诏驾归骖②。"师云:"当头道着。"

——《建中靖国续灯录》卷二十四

【注释】

①裴相参黄檗:裴休(791—846)字公美,河东闻喜人(今山西运城,一作河南孟州济源),进士出身,官至宰相,封河东县子,赠太尉。善文章,工书,以欧、柳为宗。寺刹多请其题额,为晚唐著名书家,然存世书迹仅一件。对佛教信仰相当虔诚,与禅宗有深

厚因缘。裴休在禅宗史上，与当代的庞蕴、白乐天、李翱、陆亘大夫等居士，有同等重要的地位。他与沩山灵祐同门，精通《华严》教旨与禅宗心要，由于撰写《传心法要序》，与黄檗希运也有殊胜的因缘。其参黄檗公案是这样的：

长庆年间，裴休中进士，到大安寺行香礼佛，观赏寺内廊壁画作，便询问寺僧说："是何图相？"

寺僧回答："是高僧的真仪。"

裴休反诘："真仪我是看到了，可是高僧何在？"寺僧无言以对。

裴休再问："这里可有禅人？"

寺僧于是请来挂单寺中的黄檗希运禅师。裴休问黄檗希运禅师说："我有一个问题，可否请禅师开示一语？"黄檗应允。

裴休于是重述前言，禅师厉声道："裴休！"裴休应诺。禅师疾声逼问："在何处？"裴休当下心领神会，如获髻珠。于是延请禅师入府，执弟子礼，为后世留下一段佳话。

②骖：古代驾在车前两侧的马，驾三匹马。

衲子难瞒

问："师唱谁家曲，宗风嗣阿谁？"师云："鄱阳湖里，白浪滔天。"僧曰："荐福①一枝今独秀，钓螺江上月分辉。"师云："衲子难瞒。"僧曰："向上还更有事也无？"师云："有。"僧曰："幸遇海众，何妨指出？"师云："高着眼。"

——《建中靖国续灯录》卷二十四

【注释】

①荐福：这里指今上饶市鄱阳县荐福山上的荐福寺。荐福寺始

建于唐，是鄱阳的名刹。这里有唐初欧阳询所书的《荐福碑》，有颜真卿为覆盖碑文所建的"鲁公亭"和有唐代诗人戴叔伦住过的书堂等历史遗迹。

卸却方为妙

师乃云："休休，直饶问若联珠，答如瓶泻。若也于道，远之远矣。何谓也？若论此事，一大藏教更不能诠，三世诸佛唯是自得。辉今耀古，忘见绝知。弥满十虚，宁有方所。只为情生知隔，想变体珠。于日用间不能自觉，所以劳佗先德①回首尘劳，开方便门，示真实相。方便门已八字打开了也，还有入得的么？若向遮里入得，便能持实相印，建大法幢。出没纵横，卷舒自在。直饶到此，犹落建化门底，未为衲僧径要一路。作么生是径要一路？"良久云："肯重不得全，卸却方为妙。珍重。"

——《建中靖国续灯录》卷二十四

【注释】

①先德：指古德。即先辈之有德者。

黄州东禅惟资禅师

【禅师简介】
黄州东禅惟资禅师,黄龙三世黄州柏子山嵩禅师法嗣。禅师生卒年限、参学行止、法嗣弟子等均不详。

能杀能活

上堂云:"信手招来,无非佛事。何故?头头显理,物物皆宗。念念释迦出世,步步弥勒下生。若信得及,把得住,便请坐断报化佛头,高步毗卢①顶上。"招拄杖云:"且道拄杖子有何长处?"良久,画一画,云:"能杀能活,能纵能夺。更有一般堪羡处,不风流处也风流。"卓一下。

——《建中靖国续灯录》卷二十四

【注释】
①毗卢:毗卢舍那的简称。法身佛的通称,即密教之大日如来。

乾明普初禅师

【禅师简介】

澧州钦山乾明普初禅师,黄龙三世澧州夹山纯禅师法嗣。禅师生卒年限、参学行止、法嗣弟子等均不详。

醴泉甘露

上堂,良久云:"举扬宗旨,上祝皇基,伏愿祥云与景星俱现,醴泉与甘露双呈。君乃尧舜之君,俗乃成康之俗,使林下野夫不觉成太平曲。且作么生是太平曲?无为而为,神而化之。洒德雨以霶霈①,鼓仁风而雍熙②。民如野鹿,上如标枝。十八子知不知,哩哩啰啰啰哩。"拍一拍,下座。

——《建中靖国续灯录》卷二十四

【注释】

①霶霈:充足,和"丰盛"同义。
②雍熙:和乐升平。

泉州乾峰圆慧禅师

> 【禅师简介】
> 　　泉州乾峰圆慧禅师,黄龙三世东京智海智清佛印禅师法嗣。禅师生卒年限、参学行止、法嗣弟子等均不详。

云堂之徒

　　上堂云:"达磨正宗,衲僧巴鼻,堪嗟迷者成群,开眼瞌睡。头上是天,脚下是地,耳朵闻声,鼻孔出气。敢问云堂①之徒,时中甚处安置?还见么?可怜双林傅大士,却言只遮语声是。咄。"

——《建中靖国续灯录》卷二十四

【注释】

①云堂:僧堂,僧众设斋吃饭和议事的地方。

幽鸟关关

　　上堂云:"春风荡荡,幽鸟关关。山青水碧兮罗空亘野①,为报诸人兮慎勿颟顸②。勿颟顸,好自看,十方三世趯团圞。"

以拄杖击禅床一下。

——《建中靖国续灯录》卷二十四

【注释】

①亘野：指满山遍野。

②颟顸：糊涂而马虎，不明事理。

慧力洞源禅师

> **【禅师简介】**
> 临江军瑞筠山慧力洞源禅师,黄龙三世临江军慧力院可昌禅师法嗣。禅师生卒年限、参学行止、法嗣弟子等均不详。

曹溪一滴

上堂云:"佛祖不立,雨落街头自湿。凡圣何依,晴干自是无泥。方知头头皆是道,法法本圆成。休说赵州七斤衫①,曹源一滴水②。须弥顶上浪滔天,大洋海底红尘起。咦,是何道理?参。"

——《建中靖国续灯录》卷二十四

【注释】

①赵州七斤衫:禅宗公案。僧问赵州:"万法归一,一归何所?"赵州曰:"老僧在青州作得领布衫,重七斤。"

②曹源一滴水:禅宗公案。《五灯会元》卷十载:一日法眼上堂,僧问:"如何是曹源一滴水?"眼云:"是曹源一滴水。"僧惘然而退。师(德韶)于坐侧,豁然开悟。曹源就是曹溪,是六祖惠能的弘法处,曹源一滴水意指六祖传下的法脉,也称"曹溪一滴"。

福圣常极禅师

【禅师简介】

袁州分宜福圣常极禅师,临江军慧力院可昌禅师法嗣。禅师生卒年限、参学行止、法嗣弟子等均不详。

得髓得皮

上堂云:"和风习习,春日迟迟。牧童抛掌,石女生儿。垄上争先种植,田中急切扶犁。鸟窠①冻齈,布毛②莫吹。天皇③老汉,糊饼④充饥。休言即心即佛,莫问得髓得皮。松窗石室,兀坐支颐。只知今日明日,谁顾果满三祇。"以拂子击禅床。

——《建中靖国续灯录》卷二十四

【注释】

①鸟窠:本指筑在地洞里的鸟窝,这里指鸟窠禅师。鸟窠禅师:浙江杭州富阳人。俗姓潘,本号道林,法名圆修。出生于唐开元二十三年(735),晚年移居福清白屿(今江阴镇),圆寂于唐大和七年(833),享年九十九岁,僧龄达八十多年。

②布毛:布上的绒毛。佛教禅宗语,喻佛法无所不在,不可黏着。《景德传灯录·前杭州径山道钦禅师法嗣》:"有侍者会通,忽一日

欲辞去，师问曰：'汝今何往？'对曰：'会通为法出家，以和尚不垂慈诲，今往诸方学佛法去。'师曰：'若是佛法，吾此间亦有少许。'曰：'如何是和尚佛法？'师于身上拈起布毛吹之。会通遂领悟玄旨。"

③天皇：天皇道悟禅师（748—807），唐代禅僧。婺州东阳（今属浙江）人，俗姓张。年二十五依杭州竹林寺大德具戒。建中元年（780），至洪州钟陵（今江西进贤县）拜访洪州道一禅师。翌年，入衡岳参石头希迁禅师。初住沣阳，次移漂口，后栖止荆州当阳紫云山，复应天皇寺之请。复兴天皇寺，江陵尹右仆射裴公等均皈依之。宪宗元和二年四月十三日示寂，世寿六十，法腊三十五。法嗣有龙潭崇信，崇信门下出德山宣鉴，其法系分云门、法眼二宗。

④糊饼：禅宗公案，讲的是澧州龙潭崇信禅师悟道的故事：崇信禅师出家前是一个卖糊饼的炊家。道悟禅师居天皇寺时，师家于寺巷，日常以十饼馈之。悟受之，每食留一饼曰："吾惠汝以荫子孙。"一日退而省其私曰："饼是我持去，何以反遗我耶？宁别有旨乎！"遂告问焉。悟曰："是汝持来，复汝何咎？"师闻颇晓玄旨，因祈出家。悟曰："汝昔崇福善，今信吾言，可名崇信。"由是服勤左右，终得心要。

华藏海评禅师

【禅师简介】

庐山开先华藏海评禅师,黄龙三世庐山开先行瑛禅师法嗣。禅师生卒年限、参学行止、法嗣弟子等均不详。

苦中有乐

上堂云:"始见山前麦熟,满田又插新秧。东村人带水拖泥,西家里歌声一片。所谓苦中有乐,众生日用而不知,唯有寒山呵呵大笑。诸禅德,且道寒山子笑个什么?还会么?不觉日又夜,争教人少年。参。"

——《建中靖国续灯录》卷二十四

洪州大宁文广禅师

【禅师简介】

洪州大宁文广禅师,黄龙三世洪州上篮希肇禅师法嗣。禅师生卒年限、参学行止、法嗣弟子等均不详。

入门便见

问:"如何是大宁境?"师云:"此地更无尘一点,城居宛若似山居。"僧曰:"如何是境中人?"师云:"入门便见。"

——《建中靖国续灯录》卷二十四

君山崇胜普净禅师

> 【禅师简介】
> 岳州君山崇胜普净禅师,黄龙三世江陵护国慧本禅师法嗣。禅师生卒年限、参学行止、法嗣弟子等均不详。

君山境

问:"如何是君山①境?"师云:"寺居烟岛上,四野尽波澜。"僧曰:"如何是境中人?"师云:"望南看北斗。"僧曰:"人境已蒙师指示,向上宗乘事若何?"师云:"槛外清风起,湖中白浪生。"僧曰:"谢答话。"师云:"老僧罪过。"

——《建中靖国续灯录》卷二十四

【注释】

①君山:君山在岳阳市西南十五公里的洞庭湖中,古称洞庭山、湘山、有缘山,是八百里洞庭湖中的一个小岛,与千古名楼岳阳楼遥遥相对,取意神仙"洞府之庭"。传说这座"洞庭山浮于水上,其下有金堂数百间,玉女居之,四时闻金石丝竹之声,彻于山顶"。后因舜帝的两个妃子娥皇、女英葬于此,屈原在《九歌》中称之为湘君和湘夫人,故后人将此山改名为君山。

不措一言

上堂云:"摩竭掩室,净名杜口,饮光①微笑,达磨壁观,雪老辊毬②,禾山打鼓③,秘岩一叉,青平拽石。此一队汉,各逞伎俩,总不措一言,教后人如何摸索?莫怪山僧不会说禅,只是修造院门,一粥一饭,接待往来。若是说禅说道,自有诸方。"

——《建中靖国续灯录》卷二十四

【注释】

①饮光:摩诃迦叶的别名,因他的身体呈现出金色而且有光,在释尊诸弟子中,以修头陀第一著称,故被称为金色头陀或饮光。

②雪老辊毬:禅宗公案名。指雪峰义存开示验证师弟玄沙师备的故事。雪峰禅师有一天看到玄沙禅师来,为了试看玄沙禅师的境界如何,他拿了三个木球,用一支棍子穿起来滚动,玄沙禅师看它滚过来的时候,用单手比一下。雪峰禅师说:"好,好,非常好!"可是,一次不能认定他是不是开悟。雪峰禅师在一次升堂的时候,又把那个木球滚出来,然后跟玄沙禅师说:"接着!"玄沙禅师一句话不说,只是抓起三个球放回原处,雪峰禅师一见之下开心极了,因为他知道玄沙禅师已完全开悟了。

③禾山打鼓:禅宗公案名。又作禾山四打鼓、解打鼓。即唐末五代禾山无殷禅师(884—960)对于学人之参问,四次均答以"解打鼓"开示。"解打鼓",即响在后面,寓玄旨在于言外之意。《碧岩录》第四十四则:禾山垂语云:"习学谓之闻,绝学谓之邻;过此二者,是为真过。"僧出问:"如何是真过?"山云:"解打鼓。"又问:"如何是真谛?"山云:"解打鼓。"又问:"即心即佛即不问,如何是非心非佛?"山云:"解打鼓。"又问:"向上人来时,如何接?"山云:"解打鼓。"

潭州道吾山楚方禅师

> 【禅师简介】
> 潭州道吾山楚方禅师，黄龙三世洪州泐潭山干禅师法嗣。禅师生卒年限、参学行止、法嗣弟子等均不详。

点一知二

问："昔日道吾云：'生也不道，死也不道。'和尚今日为什么却道？"师云："官不容针，私通车马。"僧曰："真个泐潭无异水，清风宛尔不同常。"师云："伶利衲僧，点一知二。"

——《建中靖国续灯录》卷二十四

归堂吃茶

上堂云："诸人十二时中不要错用心好。头上是天，脚下是地。朝明夕晦，水绿山青。物象分明，亘今亘古。若也恁么承当去，早是无事起事。那更言中求玄、句里寻妙，正是埋没自己，不如归堂吃茶去。"

——《建中靖国续灯录》卷二十四

承天院自贤禅师

> **【禅师简介】**
> 潭州南岳山承天禅院自贤禅师，黄龙三世潭州云盖智本禅师法嗣。禅师生卒年限、参学行止、法嗣弟子等均不详。

千山万山

上堂，拈拄杖云："不是心，不是佛，不是物。"打禅床一下，云："与君打破精灵窟，簸土飏尘无处寻，千山万山空突屼。"复敲禅床一下云："归堂，参。"

——《建中靖国续灯录》卷二十四

目前事、目前机

上堂云："五更残月落，天晓白云飞。分明目前事，不是目前机。既是目前事，为什么不是目前机？"良久，云："欲言言不及，林下好商量。"

——《建中靖国续灯录》卷二十四

承天慧连禅师

> **【禅师简介】**
> 潭州南岳承天慧连禅师，潭州云盖智本禅师法嗣。禅师生卒年限、参学行止、法嗣弟子等均不详。

终无两样风

上堂，举扇子云："犀牛扇子古今扬，七十峰前九夏长。二六时中如可用，分明头角好商量。且问诸禅德，商量个什么？"良久，云："任尔千般巧，终无两样风。"乃放下扇子。

——《建中靖国续灯录》卷二十四

人养僧、僧养人

上堂，拈拄杖云："诸供养中，法供养最胜。所谓法供养者，山供养水，水供养山；僧堂供养佛殿，佛殿供养僧堂；诸人供养老僧，老僧供养诸人。"良久云："供养已毕，念普供养真言。老僧忘却，且教拄杖子念与诸人。"卓一下，云："静处萨婆诃[①]。"

——《建中靖国续灯录》卷二十四

【注释】

①娑婆诃：意为吉祥、息灾等。每一个娑婆诃，都有六种意思：成就、吉祥、圆寂、息灾、增益、无住。多见于佛教的真言之末。

闹市取古佛

上堂云："闹市里识取古佛，百草头上荐取老僧。闹市里古佛且致，百草头上老僧作么生荐？"乃云："不是逢人夸好手，大都品格合风流。"喝一喝。

——《建中靖国续灯录》卷二十四

定香山惟德禅师

> 【禅师简介】
> 庐陵定香山惟德禅师，潭州云盖智本禅师法嗣。禅师生卒年限、参学行止、法嗣弟子等均不详。

花雨何坠

上堂云："独坐草庵中，空生直未委。天龙殊不知，花雨从何坠。摩竭徒掩室，毗耶空目闭。睡起一杯茶，别是个滋味。咄。"

——《建中靖国续灯录》卷二十四

纷谈不二

上堂云："难、难，丝毫犹隔万重山。易、易，刹那便到无生地。堪嗟文殊与维摩，两个纷纷谈不二，山僧即不然。"良久云："难、难，拣择明白君自看。"喝一喝。

——《建中靖国续灯录》卷二十四

草衣岩治平庆时禅师

【禅师简介】

南岳草衣岩治平庆时禅师,潭州云盖智本禅师法嗣。禅师生卒年限、参学行止、法嗣弟子等均不详。

水马嘶风

问:"如何是治平境?"师云:"石室夜深霜月白,草衣岁久败蒲寒。"僧曰:"如何是境中人?"师云:"携筇[1]寻远水,洗钵趁朝斋。"僧曰:"人境已蒙师指示,向上宗乘事若何?"师云:"水马嘶风,泥牛渡海。"

——《建中靖国续灯录》卷二十四

【注释】

[1] 筇:古书上说的一种竹子,实心,节高,宜于做拐杖。

清风月下

上堂云:"不是心、不是佛、不是物,与君放出辽天鹘[1]。还见么?清风月下守株人,良兔渐遥春草绿。"喝一喝。

——《建中靖国续灯录》卷二十四

【注释】

①鹘：即老鹰，又名海东青，是鹰科鸟类，东北亚矛隼的一种。是一种美丽的中型猛禽，也是体形较大的隼类，所以又有巨隼之称。满族人的先祖肃慎族人语称其"雄库鲁"，意为世界上飞得最高和最快的鸟，有"万鹰之神"的含义。

龙牙宗密禅师

【禅师简介】

潭州龙牙宗密禅师,黄龙三世泐潭干禅师法嗣。豫章人,禅师生卒年限、参学行止、法嗣弟子等均不详。

早落第二

僧问:"如何是佛?"师曰:"莫寐语①。"问:"如何是一切法?"师曰:"早落第二。"

——《续传灯录》卷第二十六

【注释】

①寐语:梦话;说梦话。

兴化可都禅师

【禅师简介】
庐州西天王兴化可都禅师,泐潭干禅师法嗣。禅师生卒年限、参学行止、法嗣弟子等均不详。

只鹤舞清虚

僧问:"祖意西来即不问,为人一句请师宣?"师曰:"片云归后洞,只鹤舞清虚。"僧云:"与么则兴化①得人群生有赖也?"师曰:"鸟啄古林木,山横今日云。"

——《续传灯录》卷第二十六

【注释】
①兴化:即兴化存奖大师(830—888),蓟县(今属天津市)人,俗姓孔,出家后于851年在盘山(蓟县西北)受具足戒,为义玄法嗣。875年,住魏府(今河北大名)兴化寺,发扬临济禅风。

了威佛日禅师

【禅师简介】

温州净光了威佛日禅师,黄龙三世圆通仙禅师法嗣。禅师生卒年限、参学行止、法嗣弟子等均不详。

千山万山月

僧问:"如何是祖师西来意?"师曰:"一宿二宿程,千山万山月。"曰:"意旨如何?"师曰:"朝看东南暮看西北。"曰:"向上更有事也无?"师曰:"人心难满溪壑易填。"问:"时节因缘即不问,惠超佛话事如何?"师曰:"波斯[①]弯弓面转黑。"曰:"意旨如何?"师曰:"穿过髑髅笑未休。"曰:"学人好好借问?"师曰:"黄泉无邸店,今夜宿谁家。"

——《续传灯录》卷第二十六

【注释】

①波斯:波斯是伊朗在欧洲的古希腊语和拉丁语的旧称译音。波斯兴起于伊朗高原的西南部,自从公元前六百年开始,希腊人把这一地区叫作"波斯"。直到1935年,欧洲人一直使用"波斯"来称呼这个地区和位于这一地区的古代君主制国家。

明招文慧禅师

【禅师简介】

婺州明招文慧禅师,圆通仙禅师法嗣。禅师生卒年限、参学行止、法嗣弟子等均不详。

南天台北五台

僧问:"百尺竿头如何进步?"师曰:"南天台①北五台②。"僧云:"处处逢归路,时时达本源?"师曰:"对面若无青山白云,相识犹如不相识。"僧云:"争奈学人有转身一路?"师曰:"切忌丧身失命。"

——《续传灯录》卷第二十六

【注释】

①天台:位于浙江省东中部,台州市北部,东连宁海、三门两县,西接磐安县,南邻仙居县与临海市,北界新昌县。天台以佛宗道源、山水清秀著称。国清寺成为佛教天台宗的祖庭。

②五台:位于山西省境东北部,隶属于山西省忻州市,东与河北省太行山脊为界。山峦重叠,地形复杂,由东、西、中、南、北、五台组成,号称"华北屋脊"。是文殊菩萨的道场,位居全国四大佛教名山之首。

范冲居士

【居士简介】

　　左丞范冲居士，黄龙宗四世圆通道旻禅师（三世泐潭干嗣）之在家得法弟子（载《五灯会元》卷第十八、《续传灯录》卷第三十、《指月录》卷之三十），字致虚，一字谦叔，建州（今福建建瓯）建阳人。范冲居士少年时即中进士，为太学博士。北宋徽宗在位时，先后任兵部侍郎、刑部尚书等职，南宋高宗即位后，又任资政殿学士，后卒于去鼎州赴任的途中。

何远之有

　　由翰苑守豫章过圆通谒旻禅师，茶罢曰："某行将老矣，堕在金紫行①中，去此事②稍远。"通呼："内翰。"公应："喏。"通曰："何远之有？"公跃然③曰："乞师再垂指诲。"通曰："此去洪都有四程。"公伫思，通曰："见即便见拟思即差。"公乃豁然有省。

——《续传灯录》卷第三十

【注释】

①金紫行：指官宦生涯，官场。金紫：官印、官服及其饰物之颜色。

②此事：特指悟道解脱。

③跃然：欢喜踊跃。

吴居厚居士

【居士简介】

枢密吴居厚居士（1039—1114），黄龙宗四世圆通道旻禅师之在家得法弟子（载《五灯会元》卷第十八、《续传灯录》卷第三十、《指月录》卷之三十），字敦老，洪州临川钟陵张公楼湖村（今属江西进贤县）人。进士及第，历任武安节度推官、户部侍郎、龙图阁学士、尚书右丞、资政殿学士等职。北宋徽宗政和三年（1113）卒，著有《吴居厚集》一百卷。

挥扇透关

拥节归钟陵谒圆通旻禅师曰："某顷赴省试过此，过赵州关①因问前住讷老透关底事如何？讷曰：'且去做官。'今不觉五十余年。"旻曰："曾明得透关底事么？"公曰："八次经过，常存此念，然未甚脱洒②在。"旻度扇与之曰："请使扇。"公即挥扇，旻曰："有甚不脱洒处？"公忽有省曰："便请末后句。"旻乃挥扇两下，公曰："亲切亲切。"旻曰："吉獠③舌头三千里。"

——《续传灯录》卷第三十

【注释】

①赵州关：指位于江西省永修县云居山的真如禅寺前的赵州关。北宋苏轼《和黄庭坚游云居山之作》："一行行到赵州关，怪底山头更有山。"

②脱洒：超脱；无所拘束。唐寒山《诗》之二七五："只为爱钱财，心中不脱洒。"宋代严羽《沧浪诗话·诗法》："语贵脱洒，不可拖泥带水。"

③獠：名词，即僚。中国古族名，分布在今广东、广西、湖南、四川、云南、贵州等地区。亦泛指南方各少数民族。詈词，古时北方人骂南方人的话：你这獠子，好不达时务。

彭汝霖居士

【居士简介】

谏议彭汝霖居士,圆通道旻禅师之在家得法弟子(载《五灯会元》卷第十八、《续传灯录》卷第三十、《指月录》卷之三十),字岩老,汝砺之弟。曾被曾布荐为秘书丞、谏议大夫等职,曾布失势之后,汝霖居士亦被贬知泰州,后以显谟阁待制的身份而卒。

哪个是经

手写《观音经》施圆通,通拈起曰:"这个是《观音经》[①],哪个是谏议经?"公曰:"此是某亲写。"通曰:"写的是字,哪个是经?"公笑曰:"却了不得也。"通曰:"即现宰官[②]身而为说法。"公曰:"人人有分。"通曰:"莫谤经好。"公曰:"如何即是?"通举经示之,公拊掌大笑曰:"嗄。"通曰:"又道了不得。"公礼拜。

——《续传灯录》卷第三十

【注释】

①《观音经》:观音信仰中重要一部经典,经文内容即是《妙

法莲华经》,是后秦弘始八年(406)鸠摩罗什所译。"普门品第廿四"又称《妙法莲华经观世音菩萨普门品经》,由于广受弘传,于是另行单本流通。

②宰官:泛指官吏或特指县官。

卢航居士

【居士简介】

中丞卢航居士,与童贯、黄经臣等相善,圆通道旻禅师之在家得法弟子(载《五灯会元》卷第十八、《续传灯录》卷第三十、《指月录》卷之三十)。生卒年限、生平成就、经历行止等均不详。

佛法无多子

卢航居士与圆通拥炉次,公问:"诸家因缘不劳拈出,直截一句请师指示?"通厉声揖曰:"看火。"公急拨衣,忽大悟,谢曰:"灼然①,佛法无多子。"通喝曰:"放下着。"公应:"喏喏。"

——《续传灯录》卷第三十

【注释】

①灼然:这里作明显貌。

都贶居士

> **【居士简介】**
> 左司都贶居士,圆通道旻禅师之在家得法弟子(载《五灯会元》卷第十八、《续传灯录》卷第三十、《指月录》卷之三十)。生卒年限、生平成就、经历行止等均不详。

铠是铁铸

问圆通曰:"是法非思量分别之所能解,当如何凑泊①?"通曰:"全身入火聚②。"公曰:"毕竟如何晓会?"通曰:"蓦直去。"公沉吟,通曰:"可更吃茶么?"公曰:"不必。"通曰:"何不恁么会?"公契旨曰:"元来太近。"通曰:"十万八千。"公占偈曰:不可思议,是大火聚。便恁么去,不离当处。通曰:"咦,犹有这个在?"公曰:"乞师再垂指示?"通曰:"便恁么去,铠是铁铸。"公顿首谢之。

——《续传灯录》卷第三十

【注释】

①凑泊:原来是佛教禅术用语,意为生硬地结合在一起。也可指诗歌中创作者心灵与客观反映对象没有很好地结合在一起。即没

有达到物我和一的境界，有生硬勉强结合的意味。《景德传灯录·慧寂禅师》:"我今分明向汝说圣边事，且莫将心凑泊，但向自己性海如实而修。"

②火聚:(1)原为佛教语。指火聚地狱(烈火聚集的地狱)。《正法念经》卷十一:"彼人所作恶业势力，急掷其身，堕彼火聚。"(2)泛指聚集的猛火。明代张居正《答李中溪有道尊师书》:而正以退食之余，犹得默坐澄心，寄意方外，如入火聚得清凉门。

径山智策禅师

【禅师简介】

临安府径山涂毒智策禅师（1117—1192），云岩天游典牛禅师（黄龙三世泐潭文准法嗣）之法嗣，俗姓陈，天台人。涂毒禅师幼年时依护国寺僧楚光禅师落发。受具足戒后，十九岁投国清寺，礼谒寂室慧光禅师（慧林怀深禅师之法嗣），洒然有所省悟。淳熙十六年（1189），宋光宗即位伊始，智策禅师由无锡华藏寺入主径山能仁禅院。三年后，智策召集僧众，口说一偈："四大既分飞，烟云任意归。秋天霜夜月，万里转光辉。"不久，泊然而逝。坐化后，陆游还作有《哭径山策老》一诗，以寄托哀思："岌岌龙门万衲倾，翩翩只履又西行。尘侵白拂绳床冷，露滴青松石塔成。遥想再来非四入，尚应相见话三生。放翁大欠修行力，未免人间怆别情。"一生剃度弟子四十三人，其中有十二人位至寺院住持。

当面蹉过

智策禅师次谒大圆①于明②之万寿。圆问曰："甚处来？"师曰："天台来。"曰："见智者大师么？"师曰："即今亦不少。"曰："因甚在汝脚跟下?"师曰:"当面蹉过。"圆曰:"上人不耘而秀不扶而直。"一日辞去圆送之门,拊师背曰:"宝所在近③,此城非实。"师领之。

——《续传灯录》卷第三十

【注释】

①大圆:即潭州大沩大圆智禅师。

②明:即明州,今浙江宁波。

③宝所在近,此城非实:人人都怀着无价宝,此宝就在当人的一念心性中,不用再向外驰求。人的肉体是无常的,终将归于朽灭,而此宝却恒常不失。这里的"此城"喻五蕴之身。

全无把柄

涂毒禅师往豫章谒典牛①,道由云居风雪塞路,坐阅四十二日,午初版声②铿然,豁尔大悟。及造门,典牛独指师曰:"甚处见神见鬼来?"师曰:"云居闻版声来。"牛曰:"是甚么?"师曰:"打破虚空全无柄靶。"牛曰:"向上事未在。"师曰:"东家暗坐西家厮骂。"牛曰:"崭然超出佛祖,他日起家一麟③足矣。"

——《续传灯录》卷第三十

【注释】

①典牛:即天游禅师。

②版声:即板声,多用作传讯、报事、集众的信号。版:云板,击奏体鸣乐器。也称"钟板""响板""铁板""云版"。俗称"点"。

铁铸厚板,通常制作成云形。上系绳,悬而用槌击板发声。《禅林象器笺·呗器门·云版》:"版形铸作云样,故曰:云板。"

③一麟:一头麒麟。亦以喻一群人中之俊秀者。《景德传灯录·行思禅师》:"众角虽多,一麟足矣。"宋代王庭珪《次韵任子严》:"山僧似不孤题品,众角业中有一麟。"

鼓山祖珍禅师

【禅师简介】

福州鼓山别峰祖珍禅师,黄龙四世上封才禅师法嗣。兴化林氏子,禅师生卒年限、参学行止、法嗣弟子等均不详。

不是知音话不成

僧问:"赵州绕禅床一匝,转藏①已竟,此理如何?"师曰:"画龙看头画蛇看尾。"曰:"婆子道:此来请转全藏,为甚么只转得半藏?此意又且如何?"师曰:"人无远虑必有近忧。"曰:"未审甚么处是转半藏处?"师曰:"不是知音者徒劳话。"

——《续传灯录》卷第三十

【注释】

①藏:藏经原是收藏经典,如寺院、道观专设藏经楼,储藏经文典籍。引申为书籍名称,如《大藏经》《中藏经》。中华佛教宝库网专设"佛教藏经"。

声色言语

示众云:"大道只在目前,要且目前难睹。欲识大道真体①,不离声色言语。"卓拄杖云:"这个是声。"竖起拄杖云:"这个是色。唤甚么作大道真体?直饶向这里见得,也是郑州出曹门②。"

——《联灯会要》卷十六

【注释】

①真体:真实的本体。南朝梁萧统《解二谛义》:"又谙真寂之体,本自不流,凡夫见流,不离真体,然则但有一真,不成二谛。"

②曹门:曹门始建于唐朝,有一千三百多年的历史。北宋时开封的城门,一般都是以它通往的地方来取名的。宋门俗称小东门,而曹门俗称大东门,因为通往曹州,所以也叫曹门。

桃红李白

示众云:"向上一路,千圣不传。"卓拄杖云:"恁么明得,十万八千。毕竟如何?桃红李白蔷薇紫,问着春风总不知。"

——《联灯会要》卷十六

无心道易

示众云:"寻牛须访迹,学道贵无心。迹在牛还在,无心道易寻。"竖起拂子云:"这个是迹,牛在甚么处?直饶见得,头角分明,鼻孔也在岳林①手里。"

——《联灯会要》卷十六

【注释】

①岳林：即岳林寺，位于浙江奉化。聪禅师开创于南朝梁大同二年（536），始建于溪西，初称崇福院。唐会昌年间被毁，大中三年（849）闲旷禅师徙建于溪东。僖宗时（873—888），布袋和尚来此，并现灵验。宋祥符八年（1015）敕赐寺额，改称岳林寺。皇祐年间（1049—1054），御赐"佛法"二字。明代毁于火灾，曾数度重建。清康熙十二年（1673），楷庵和尚于此大阐宗风，建天王殿、方丈、普同塔等，规模宏大。后渐荒废，光绪十四年（1888）僧文果复建，光绪十七年获颁赐藏经七二〇函。

湖州道场良范禅师

【禅师简介】

　　湖州道场良范禅师，泉州晋江蔡氏子，黄龙四世东京天宁守卓禅师法嗣。禅师生卒年限、参学行止、法嗣弟子等均不详。

触处成现

　　示众云："尘劫来事，尽在如今。空劫那边，全归日用。触处成现，觌体无私。人人单提祖印，个个独用全机。到这里，直饶有通天作略，竭世枢机，只是枝上生枝、蔓上生蔓。于本分事上，了无交涉。是故诸佛出世，罕遇其人；西祖东来，乘虚接响；一大藏教，诳呼闾阎[1]；明眼衲僧，自救不了。且作么生话会？作么生承当？作么生展演？作么生提唱[2]？还有向这里挨得身、着得脚，显大丈夫作略底么？出来相见，如无，且放过一着。"

——《联灯会要》卷十六

【注释】

①闾阎：原指古代里巷内外的门，后泛指平民老百姓。

②提唱：禅宗中指提示教义大纲、进行说法，亦指讲解禅书。

担取诗书

示众云："青眸一瞬，金色知归。授手而来，如王宝剑。如今开张门户，各说异端，可谓古路坦而荆棘生，法眼明而还自翳。辜负先圣，埋没己灵。且道不埋没、不辜负，正法眼藏①如何吐露？还有吐露得的么？出来吐露看。如无：'担取诗书归旧隐，野花啼鸟一般春。'"

——《联灯会要》卷十六

【注释】

①正法眼藏：佛教语。禅宗用来指全体佛法（正法）。朗照宇宙谓眼，包含万有谓藏。相传释迦牟尼佛在灵山法会以正法眼藏付与大弟子迦叶，是为禅宗初祖，为佛教以"心传心"授法的开始。

度人已毕

示众云："未离兜率，已降王宫；未出母胎，度人已毕。犹较些子，及乎周行七步，目顾四方，一手指天，一手指地，道'天上天下，唯我独尊'，特地一场败阙。后来云门老汉出来，要'一棒打杀与狗子吃，贵图天下太平'。未救得一半。而今莫有全救得的么？出来大展作略看。若向这里展得去，释迦、云门性命。总在上座手里。"

——《联灯会要》卷十六

普贤元素禅师

> **【禅师简介】**
>
> 福州普贤元素禅师,黄龙宗四世上封才禅师法嗣。建宁人,禅师生卒年限、参学行止、法嗣弟子等均不详。

万古徽猷

示众云:"拈花微笑,犹乖量外之机;断臂安心,何异捉月之见。设使万机休罢,千圣不携,还同待兔守株,未是通方达士。明眼汉没窠臼,高高处观之不足,低低处平之有余。神光照彻大千,万有全归掌握。大机大用,草偃风行。全暗全明,超情离见。所以道:神光不昧,万古徽猷[1]。入此门来,莫存知解。知解既泯,真智现前。八字打开,分明显示。"竖起拂子云:"还见么?于斯见得,言语路绝,取舍情忘。了非生佛未分,岂是威音那畔?权实[2]俱备,照用[3]双行。流出自己胸襟,要且不从人得。既不从人得,正当今日,'祝严圣寿'一句作么生道?"良久云:"四海浪平龙睡稳,万年松在祝融峰。"

——《联灯会要》卷十六

【注释】

①徽猷：美善之道。猷，道，指修养、本事等。

②权实：佛教语。谓佛法之二教，权教为小乘说法，取权宜义，法理明浅；实教为大乘说法，显示真要，法理高深。

③照用：佛教禅宗用语，有二义。此处为第（1）义。

（1）据《人天眼目》卷一载，照，指对客体之认识；用，指对主体之认识。系根据参禅者对主客体之不同认识，所采取不同之教授方法，旨在破除视主体、客体为实有之世俗观点。（一）先照后用，针对法执重者，先破除以客体为实有之观点。（二）先用后照，针对我执重者，先破除以主体为实有之观点。（三）照用同时，针对我、法二执均重者，同时破除之。（四）照用不同时，对于我、法二执均已破除者，即可应机接物，或照或用，不拘一格。

（2）据《五家宗旨纂要》卷上载，照，指禅机问答；用，指打、喝等动作，纯粹指接待参禅者之方式。（一）先照后用，先向参禅者提出问题，然后据其应答情况，或棒或喝。（二）先用后照，如遇僧来，师便打、便喝，然后问僧"汝道是什么意旨？"（三）照用同时，即在或棒或喝中，看对方如何承当；或在师喝僧亦喝中，边打边问。（四）照用不同时，或照或用，不拘一格。

铁旗铁鼓

示众云："兵随印转，三千里外绝烟尘；将逐符行，二六时中净裸裸。不用铁旗铁鼓，自然草偃风行。何须七纵七擒①，直得无思不服。所谓大丈夫，秉慧剑，般若锋兮金刚焰。非但能摧外道心，早曾落却天魔胆。正恁么时，且道主将是甚么人？"喝一喝。

——《联灯会要》卷十六

【注释】

①七纵七擒：亦即七擒七纵。历史典故，出自《三国志·蜀志·诸葛亮传》。三国时，诸葛亮出兵南中，将当地酋长孟获捉住七次，放了七次，使他真正服输，不再与蜀汉为敌。比喻运用策略，使对方心服归顺自己。

贪杯惜醉人

示众云："南泉道：'我十八上'便解作活计，囊无系蚁之丝，厨乏聚绳之糁。'赵州道：'我十八上，便解破家散宅，南头卖贱，北头卖贵。捡点将来，好与三十棒，且放过一着。何故？曾为宕子①偏怜客，自爱贪杯惜醉人。"

——《联灯会要》卷十六

【注释】

①宕子：荡子。指离乡外游，久而不归之人。三国曹植《七哀》诗："借问叹者谁，言是宕子妻。"唐代刘长卿《别宕子怨》诗："关山别宕子，风月守空闺。"

敲空作响

示众，提起拄杖云："敲空作响，罕遇知音。"复击绳床云："击木无声，稀逢鉴者。莫向情中卜度，休于事上情量。纵饶划断两头，未是到家时节。且道作么生是到家时节？"良久云："清风已逐和风去，朱夏①还随暑气回。"

——《联灯会要》卷十六

【注释】

①朱夏：夏季。《尔雅·释天》："夏为朱明。"清代唐孙华《夏日园居杂咏》之十二："三年客里逢朱夏，一月天边盼素秋。"

如珠走盘

示众云："一叶落、天下秋，正是时人升降处。一尘起、大地收，衲僧向甚么处着眼？若向这里着得一只眼，如珠走盘，不拨自转。脱或未然，十字街头吹尺八①，酸酒冷茶愁杀人。"

——《联灯会要》卷十六

【注释】

①尺八：中国吴地和日本传统乐器名。竹制，外切口，五孔（前四后一），属边棱振动气鸣吹管乐器，以管长一尺八寸而得名，其音色苍凉辽阔，又能表现空灵、恬静的意境。

金绳文禅师

> 【禅师简介】
>
> 成都府金绳文禅师,黄龙四世信相显禅师法嗣。禅师生卒年限、参学行止、法嗣弟子等均不详。

黄河九曲

僧问:"如何是大道①之源?"师曰:"黄河九曲。"曰:"如何是不犯之令?"师曰:"铁蛇钻不入。"僧拟议,师便打。

——《续传灯录》卷第三十

【注释】

①大道:特指自然法则。道是中国乃至东方古代哲学的重要哲学范畴,表示终极真理、本原、本体、规律、原理、境界等等。道生万物,道于万事万物中,以百态存于自然。此一概念,不单为哲学流派诸子百家所重视,也被宗教流派道教等所使用。

石塔宣秘礼禅师

【禅师简介】

扬州石塔宣秘礼禅师,黄龙四世明招慧禅师法嗣。禅师生卒年限、参学行止、法嗣弟子等均不详。

长亭凉夜月

僧问:"山河大地与自己是同是别?"师曰:"长亭凉夜月,多为客铺舒。"曰:"谢师答话。"师曰:"网大难为鸟,纶①稠始得鱼。"僧作舞归众,师曰:"长江为研墨,频写断交书。"

——《续传灯录》卷第三十

【注释】

①纶:名词,古代官吏系印用的青丝带;动词,整理丝线。《诗·小雅·采绿》:"之子于钓,言纶之绳。"

牵驴上法座

上堂,至座前师搦①一僧上法座,僧惝惶欲走,师遂指座曰:"这棚子若牵一头驴上去,他亦须就上屙在。汝诸人因甚么却不肯?"以拄杖一时赶散,顾侍者曰:"险!"

——《续传灯录》卷第三十

【注释】

①搊：音 chōu，（1）弹拨：搊琵琶。（2）束紧：搊腰带。（3）方言，扶：把爷爷搊起来吃药。（4）方言，手扶住或一端用力向上使物体立起或翻倒：把倒的凳子搊起来。

东山吉禅师

> 【禅师简介】
> 临江军东山吉禅师,黄龙五世道场琳禅师(四世天宁卓禅师法嗣)法嗣。禅师生卒年限、参学行止、法嗣弟子等均不详。

家 贼

因李朝请,与甥芗林居士向公子諲①谒之遂问:"家贼恼人时如何?"师曰:"谁是家贼?"李竖起拳,师曰:"贼身已露。"李曰:"莫涂糊人好。"师曰:"赃证见在。"李无语,师示以偈曰:

家贼恼人孰奈何,千圣回机只为他。
遍界遍空无影迹,无依无住绝笯罗。

——《续传灯录》卷第三十三

【注释】

①芗林居士向公子諲:向子諲(1086—1153)字伯恭,临江人。生宋哲宗元祐五年,卒于宋高宗绍兴二十三年,享年六十八岁。元符初(1098)以恩荫补官。南渡初,历徽猷阁直学士,户部侍郎,罢,知平江府。因不肯拜金诏,遂以忤秦桧意而致仕,卜筑于清江五柳坊,号所居曰"芗林",自号"芗林居士",既作七言绝句以纪其事,而复广其声为《鹧鸪天》。向子諲所作词,今有《酒边词》二卷,存《四库总目》。

瑞岩景蒙禅师

【禅师简介】

庆元瑞岩景蒙禅师,黄龙六世台州万年心闻昙贲禅师(五世无示介谌嗣)。温之平阳邵氏子,年十三祝发,习台教。知名相之学,不足了大事,去参育王裕。因省母归里,龙翔贲一见深器之,遂令执侍,尽揭底蕴。禅师生卒年限、参学行止、法嗣弟子等均不详。

还识永嘉否

去参育王裕①,裕问师乡里,师曰:"永嘉。"曰:"还识永嘉大师②否?"师未及答,批颊而出,寝食不安者累月。忽闻钟声而悟,即造室中,裕复理前问,师曰:"即日恭惟和尚尊体,起居万福。"裕曰:"如何是向上事?"师拟对被逐,次日再造室次,裕方发问,师抗声曰:"老汉今日败关也。"一拍而出,裕叹曰:"俊哉。"

——《续指月录》卷二

【注释】

①育王裕:庆元府(今浙江龙泉)育王山佛智端裕禅师,圆悟克勤禅师之法嗣,吴越王之后裔。其六世祖因守会稽,故而在那里

定居下来。端裕禅师幼时聪颖，眉目渊秀。十四岁辞亲，于大善寺当沙弥，十八岁得度并受具足戒。端裕禅师先后住持过丹霞、虎丘、灵隐等道场，末后住庆元府育王山。端裕禅师圆寂于南宋绍兴庚午年（1150），谥"大悟禅师"。法嗣有：清凉坦禅师、净慈水庵师一禅师、道场无庵法全禅师、延福寒岩慧升禅师等。

②永嘉大师：永嘉大师（665—713），永嘉（今温州）人，是六祖慧能的法嗣，禅宗称之为"第三十四代真觉禅师"，法名玄觉，号明道。清时避康熙帝玄烨讳，改称"元觉"。大师俗姓戴，幼年出家，初在永嘉龙兴寺为僧，遍览佛学经典，由于地域影响，首先参学天台宗，精研止观圆融法门，后无师自悟心地法门与禅宗真义，与玄策禅师偕行广东韶关曹溪拜谒六祖慧能，一问一答，即得印证。因仅在曹溪山中留宿一夜，翌日下山，时称"一宿觉"，故而又称"宿觉禅师"。

雪庵从瑾禅师

【禅师简介】

庆元府（今浙江龙泉）天童雪庵从瑾禅师（1116—1200），黄龙六世万年心闻昙贲禅师之法嗣，俗姓郑，永嘉楠溪人。从瑾禅师少时礼普安院子回禅师落发，后投瑞岩心闻昙贲禅师座下参学，一日入室，贲举红炉片雪问，师拟答，忽领旨，留侍三年。从瑾禅师圆寂于南宋宁宗皇帝庆元六年（1200）七月二十三日，寿八十四、腊七十，全身葬心闻贲禅师塔右。法嗣弟子有虚庵怀敞等。

不得草草

入闽，见佛智①于西禅，问甚处来，师曰："四明。"智曰："曾见憨布袋②么？"师便喝，智便打。师接住拳曰："和尚不得草草。"智曰："瞎汉过者边立。"

——《续指月录》卷二

【注释】

①佛智：佛智禅师，径山寺第三十代住持，俗姓朱，名元聪

（1136—1209），字蒙叟，号蒙庵，赐号佛智，福州长乐人。

②憨布袋：即径山大禅了明禅师（？—1165），径山第二十一代住持。浙江海宁人。长身大腹，所至惊众，众皆称之曰："大禅大禅"。机锋敏疾，仪度豪朗，为大慧宗杲禅师会中之龙象是大慧宗杲禅师八十四弟子之一。说大禅了明禅师是径山的布袋和尚，那是因为他的所作所为犹如布袋和尚。

踏杀死虾蟆

时贲①主江心②，师归省，命充维那。一日问师："一喝分宾主，照用③一时行。如何是一喝分宾主？"师便喝，贲曰："者一喝是宾是主？"师曰："宾则始终宾，主则始终主。"贲笑曰："汝又眼花了。"师即呈偈曰：

一喝分宾主，依然又眼花。
倒翻筋斗去，踏杀死虾蟆。

——《续指月录》卷二

【注释】

①贲：即万年心闻昙贲禅师，黄龙宗五世无示介谌法嗣。

②江心：即江心寺，位于浙江省温州市鹿城区江心屿。唐咸通七年（866），在江心孤岛的东山建普济禅院。宋开宝二年（969），又在江对面的西山建净信讲院。南宋建炎五年（1131），宋高宗赐改普济禅院为龙翔禅寺。因寺江中，俗称"江心寺"。宋宁宗时品

选天下禅宗丛林，列为十刹之一。其后八百多年里，该寺屡废屡兴。1983年，江心寺被定为汉族地区全国重点寺院。

③照用：照，指禅机问答；用，指打、喝等动作，纯粹指接待参禅者之方式。详见286页注③。

附：

诲机超慧禅师

【禅师简介】

洪州（今江西南昌）黄龙山诲机超慧禅师，玄泉山彦禅师之法嗣，俗姓张，名秉中，字诲机，法讳真熹，清河（今河北清河）人。唐咸通二年（861）进士，官至凤翔太守，擢福建（一说荆南）节度使，辞而不受，弃家云游，初参岩头全奯禅师，未契其意，又往参玄泉山彦禅师得印可。得道后先住湖北鄂州黄龙寺，后往宁州（今江西修水）黄龙山，创建古刹黄龙崇恩禅院，系黄龙寺创寺之祖。先后于唐昭宗光化二年（899）、天祐元年（904）被朝廷旌表为"黄龙大德祖师""黄龙祖师"；宋大中祥符八年（1015），宋真宗敕赐黄龙寺为"崇恩黄龙禅院"，故该寺便有"三敕崇恩禅院"之称。另在唐天复二年（902）至天祐二年（905），吴王杨行密赐有"超慧大师"之名。法嗣弟子十人：洛京紫盖善沼禅师、眉州黄龙继达禅师、枣树第二世和尚、兴元府玄都山澄和尚、嘉州黑水和尚、鄂（洪）州黄龙智颙禅师、眉州福昌达和尚、吕岩洞宾真人、常州慧山然和尚、洪州双岭悟海禅师。

佛法无别

初参岩头①，问："如何是祖师西来意？"

头曰："你还解救粢②么？"

师曰："解。"

头曰："且救粢去。"

后到玄泉③，问："如何是祖师西来意？"

泉拈起一茎皂角，问："会么？"

师曰："不会。"

玄放下皂角，作洗衣势。

师便礼拜曰："信知佛法无别。"

泉曰："你见甚么道理？"

师曰："某甲④曾问岩头，头曰：'你还解救粢么？'救粢也只是解粘。和尚提起皂角，亦是解粘，所以道无别。"

泉呵呵大笑。

师遂有省。

——《五灯会元》卷第八

【注释】

①岩头：德山宣鉴禅师之法嗣，俗姓柯，泉州人。

②粢：同"糍"，一种用糯米做成的糕。

③玄泉：即青原六世玄泉彦禅师，鄂州岩头全奯禅师之法嗣。

④某甲：这里指诲机超慧禅师自己。

莫错举似

师有时谓众云："有一句，如山如岳；有一句子，如透网鱼；有一句子，如百川水。为当是一句，为当是三句？"有人拈问福先："主人有言：'有一句，如山如岳；有一句子，如透网鱼；有一句子，如百川水。'如何是如山如岳的句？"福先云："凡圣近不得。""如何是透网鱼的句？"先云："汝不肯，又争得？""如何是如百川水的句？"先云："互用千差。""如何是和尚一句？"先云："莫错举似。"

——《祖堂集》卷十二

君王之剑

师又时云："诸和尚子，君王之剑[①]，烈士之刀。若是君王之剑，不伤万类。烈士之刀，斩钉截铁。用则不无，不得佩着。为什么故？忠言不避截舌，利刀则血浅梵天[②]。久立，珍重。"

时有人问："如何是君王剑？"

师云："不伤万类。"

学云："佩者如何？"

师云："血溅梵天。"

学云："大好不伤万类。"

师打二十棒。

——《祖堂集》卷十二

【注释】

①君王之剑：一般的剑是有形有像的，能砍杀他人或生物。有德者称君，君者需具王道精神，所拥有之剑称为"君王剑"，又可称为"仁者之剑"。而无德者则称为昏君，其生杀大权在握，残害无数生灵。世间的仁者之剑是杀当杀之人，非不得已应不会出剑杀人。本公案的仁者之剑是无形之剑，是发起慈悲心的菩萨，菩萨的仁者之剑随心而发，但发而不会伤人只会救人，而且冤亲平等，均能获得救度。

②血溅梵天：梵天者有三天，在娑婆世界里来讲，管我们四大部洲所有人类的是梵天王，色界初禅天有三天：梵众天、梵辅天、大梵天。佩带君王剑不是在人世间里耍弄，而是用在梵天上。

火烧裙带香

问："佛在日为众生说法，佛灭后有人说法也无？"师曰："惭愧佛。"问："毛吞巨海芥纳须弥，不是学人本分事，如何是学人本分事？"师曰："封了合盘市里揭。"问："切急相投请师通信。"师曰："火烧裙带香。"

——《景德传灯录》卷第二十三

再坐盘中弓落盏

问："如何是大疑的人？"师曰："对坐盘中弓落盏。"曰："如何是不疑的人？"师曰："再坐盘中弓落盏。"问："风恬浪静时如何？"师曰："百丈竿头五两垂。"

——《景德传灯录》卷第二十三

线绽方知

师将顺世[①],有僧问:"百年后[②]钵囊子什么人将去?"师曰:"一任将去。"曰:"里面事如何?"师曰:"线绽方知。"曰:"什么人得?"师曰:"待海燕[③]雷声即向汝道。"

——《景德传灯录》卷第二十三

【注释】

①顺世:佛教称僧徒逝世。

②百年后:指人死之后,是"死"的讳称。

③燕:通"偃",平息、停止的意思。

洞宾吕岩真人

【禅师简介】

洞宾吕岩真人（798—?），黄龙超慧祖师法嗣（载《五灯会元》卷第八、《五灯全书》卷十六），名岩，字洞宾，号纯阳子，自称回道人。京兆（一说河中府）人氏。唐末，三举进士不第（一说唐咸通三年六十四岁进士及第），偶于长安酒肆遇钟离权，钟授以延命术，自尔人莫之究。其理论以慈悲度世为成道路径，改丹铅与黄白之术为内功，改剑术为断除贪嗔、爱欲和烦恼的智慧，对北宋道教教理的发展有一定影响。后被奉为全真道五祖之一，通称"吕祖"。为民间传说"八仙过海"中的八仙之一。

洞宾开悟

唐末三举不第，偶于长安酒肆遇钟离权，授以延命术，自尔人莫之究。尝游庐山归宗，书钟楼壁曰：

一日清闲自在身，六神和合报平安。
丹田有宝休寻道，对境无心莫问禅。

未几，道经黄龙山，睹紫云成盖，疑有异人。乃入谒，值龙①击鼓升堂。龙见，意必吕公也，欲诱而进。厉声曰："座旁有窃法者。"吕毅然出，问："一粒粟中藏世界，半升铛内煮山川。且道此意如何？"龙指曰："这守尸鬼②。"吕曰："争奈囊有长生不死药。"龙曰："饶经八万劫，终是落空亡。"吕薄讶，飞剑胁之，剑不能入。遂再拜，求指归。龙诘曰："半升铛内煮山川即不问，如何是一粒粟中藏世界？"吕于言下顿契。作偈曰：

弃却瓢囊摵碎琴，如今不恋汞中金。
自从一见黄龙后，始觉从前错用心。

龙嘱令加护。后谒潭州智度觉禅师，有曰："余游韶郴，东下湘江，今见觉公，观其禅学精明，性源淳洁，促膝静坐，收光内照。一衲之外无余衣，一钵之外无余食。达生死岸，破烦恼壳。方今佛衣寂寂兮无传，禅理悬悬兮几绝。扶而兴者，其在吾师乎？"聊作一绝奉记：

达者推心方济物，圣贤传法不离真。
请师开说西来意，七祖如今未有人③。

——《五灯会元》卷第八

【注释】

①龙：这里指黄龙诲机禅师。

②守尸鬼：意即长生不老。因道家炼丹修身、为求长生不老，

故有此说,含贬义。

③禅宗到六祖时,经过近两百年的弘扬,已达到非常兴旺的局面,六祖门下就有三十六位具备接衣钵能力的大德,所以,六祖就不再以选一人单传衣钵的模式传法了。将单传衣钵改为传心法了,突破了以往一人代佛传法的局限性,使禅宗成了一个独立的宗派,叫禅宗或佛心宗。另外也是为了防止后人争夺衣钵、祖位而争斗。

黄龙继达禅师

【禅师简介】

眉州黄龙继达禅师,鄂州黄龙晦机禅师法嗣。禅师生卒年限、参学行止等不详。法嗣一人:眉州黄龙第二世和尚。

针去线不回

僧问:"如何是衲[①]?"师曰:"针去线不回。"曰:"如何是帔?"师曰:"横铺四世界,竖盖一乾坤。"曰:"道满到来时如何?"师曰:"要羹与羹,要饭与饭。"问:"黄龙出世金翅鸟满空飞时如何?"师曰:"问汝金翅鸟还得饱也无。"

——《景德传灯录》卷第二十四

【注释】

①衲:即衲衣,僧徒的衣服,常用许多碎布补缀而成,因即以为僧衣的代称。

黄龙智颙禅师

> 【禅师简介】
>
> 鄂州黄龙智颙禅师（第三世住），鄂州黄龙晦机禅师法嗣。禅师生卒年限、参学行止、法嗣弟子等均不详。

黄龙家风

僧问："如何是黄龙家风？"师曰："待宾饤①仙果。"僧问："如何是诸佛之本源？"师曰："即此一问是何源？"曰："恁么即诸佛无异路去也。"师曰："延平剑已成龙去，犹有刻舟求剑人。"

——《景德传灯录》卷第二十四

【注释】

①饤：dìng（1）供陈设的食品；（2）（文辞等）罗列、堆砌；（3）作动词，贮食；盛放食品。

眉州昌福达和尚

【禅师简介】

眉州昌福达和尚,鄂州黄龙晦机禅师法嗣。禅师生卒年限、参学行止、法嗣弟子等均不详。

难逢难遇

僧问:"学人来问师则对,不问时师意如何?"师曰:"谢师兄指示。"问:"本来则不问,如何是今日事?"师曰:"师兄遮问大好。"曰:"学人不会时如何?"师曰:"谩①得即得。"问:"国有宝刀谁人得见?"师曰:"师兄远来不易。"曰:"此刀作何形状?"师曰:"要也道不要也道。"曰:"请师道。"师曰:"难逢难遇。"问:"石牛水上卧时如何?"师曰:"异中异妄计不浮沉。"曰:"便怎么②去时如何?"师曰:"翅天日落把土成金。"

——《景德传灯录》卷第二十四

【注释】

①谩:多音多义字。这处义为:莫、不要或徒、空。
②怎么:(1)那么、那样、如此、这样;(2)怎么样,什么。

洛京紫盖善沼禅师

【禅师简介】

洛京长水紫盖善沼禅师，鄂州黄龙晦机禅师法嗣。禅师生卒年限、参学行止、法嗣弟子等均不详。

才生便死

僧问："死中得活时如何？"师曰："抱镰刮骨熏天地，炮烈棺中求托生。"问："才生便死时如何？"师曰："赖得觉疾。"

——《景德传灯录》卷二十四

枣树和尚

【禅师简介】

枣树和尚（第二世住），鄂州黄龙晦机禅师法嗣。禅师生卒年限、参学行止、法嗣弟子等均不详。

落在甚处

问僧："发足什么处？"曰："闽中。"师曰："俊哉。"曰："谢师指示。"师曰："屈哉。"僧作礼，师云："我与么道，落在甚么处？"僧无对，师云："彼自无伤，勿伤之也。"

——《联灯会要》卷二十六

孤负老僧

僧问讯次，师问："你见阿谁了便不审？"云："见师不问讯，礼式不全。"师云："却是辜负老僧。"

僧举似首座。座云："和尚近日可谓为人切。"师闻乃打首座七棒。座云："某甲恁么道，未有过在，乱打作么？"师云："吃了我多少盐醋。"又打七棒。

——《联灯会要》卷二十六

老僧不识子

有僧辞，师问："若到诸方，有人问你老僧法道，作么生对他？"云："待他问即道。"师云："何处有无口的佛？"云："只这也还难。"师竖起拂子云："还见么？"僧云："何处有无眼的佛？"师云："只这也还难。"僧绕绳床一匝而出，师云："善能祗①对。"僧便喝，师云："老僧不识子。"云："用识作么？"师敲绳床三下。

——《联灯会要》卷二十六

【注释】

①祗：敬，恭敬：祗回。祗仰。

正是自谩

师问僧："未到这里时，在甚么处安身立命？"僧叉手近前，师亦近前，相并而立。僧云："某甲未到此时，和尚与谁并立？"师指背后云："莫是伊么。"僧无语，师云："不独自谩，兼谩老僧。"僧作礼，师云："正是自谩。"

——《联灯会要》卷二十六

玄都山澄和尚

> 【禅师简介】
> 兴元府玄都山澄和尚,鄂州黄龙晦机禅师法嗣。禅师生卒年限、参学行止、法嗣弟子等均不详。

一切不如

僧问:"喜得趋方丈家风事若何?"师曰:"熏风开晓露,明月正当天。"曰:"如何拯济?"师曰:"金鸡楼上一下鼓。"问:"如何是沙门①行?"师曰:"一切不如。"

——《景德传灯录》卷二十四

【注释】

①沙门:沙门又作娑门、桑门,起源于列国时代,意为勤息、息心、净志,其哲学思想为印度哲学的重要内容。沙门中最有影响的派别是佛教、生活派、顺世派、不可知论派等。沙门分为四种:胜道沙门、示道沙门、命道沙门和污道沙门。

嘉州黑水和尚

> 【禅师简介】
>
> 嘉州黑水和尚，鄂州黄龙晦机禅师法嗣。禅师生卒年限、参学行止、法嗣弟子等均不详。

猛　烈

初参黄龙问曰："雪覆芦华时如何？"黄龙曰："猛烈。"师曰："不猛烈。"黄龙又曰："猛烈。"师又曰："不猛烈。"黄龙便打，师因而惺①觉，自尔契缘化行黑水。

——《景德传灯录》卷第二十四

【注释】

①惺：领会：惺悟；清醒：惺忪。假惺惺。

黄龙第二世和尚

【禅师简介】

眉州黄龙第二世和尚,眉州黄龙继达禅师法嗣。禅师生卒年限、参学行止、法嗣弟子等均不详。

密室中人

僧问:"如何是密室①?"师曰:"斫不开。"曰:"如何是密室中人?"师曰:"非男女相。"问:"国内按剑者是谁?"师曰:"昌福。"曰:"忽遇尊贵时如何?"师曰:"不遗。"

——《景德传灯录》卷第二十六

【注释】

①密室:(譬喻)密室吹风,以譬禅定。止观五曰:"若能修定,如密室中灯,能破巨闇。"

参考书目

① （五代）僧静、筠编：《祖堂集》，五代南唐刻本。
② （宋）僧赜藏编：《古尊宿语录》，南宋刻本。
③ （宋）僧道原编：《景德传灯录》，北宋刻本。
④ （宋）僧李遵勖编：《天圣广灯录》，南宋刻本。
⑤ （宋）僧惟白编：《建中靖国续灯录》，北宋刻本。
⑥ （宋）僧悟明编：《联灯会要》，南宋刻本。
⑦ （宋）僧正受编：《嘉泰普灯录》，南宋刻本。
⑧ （宋）僧普济编：《五灯会元》，南宋刻本。
⑨ （宋）僧绍昙撰：《五家正宗赞》，宋理宗宝祐二年（1254）刻印。
⑩ （宋）僧师明编：《续古尊宿语录》，南宋印行。
⑪ （宋）僧宗果编：《正法眼藏》，北宋集。
⑫ （宋）僧重显、克勤编：《碧岩录》。
⑬ （宋）僧慧洪编：《禅林僧宝传》，《卍续藏》第一三七册。
⑭ （宋）僧慧洪著：《林间录》，《卍续藏》第一四八册。
⑮ （宋）僧慧洪著：《石门文字禅》，北宋内府藏本。
⑯ （宋）僧净善编：《禅林宝训》。
⑰ （元）僧念常撰：《佛祖历代通载》，又称《佛祖通载》，收于《大正藏》第四十九册。（台）世桦出版社1994年出版。

⑱（清）彭际清编：《居士传》，清刊，收于《卍续藏》第一四九册。

⑲（明）朱时恩编：《居士分灯录》，明代崇祯五年（1632）刊行，收于《卍续藏》第一四七册。

⑳（清）陈梦雷、蒋廷锡编：《古今图书集成·神异典·居士部》，中华书局影印本1934—1940年。

㉑（宋）僧晓莹编：《罗湖野录》，南宋刊行。

㉒（明）如巹编：《禅宗正脉》、明弘治二年（1489），收在《卍续藏》第一四六册、《禅宗全书》第九册。

㉓（元）法应、普会编：《禅宗颂古联珠通集》，收在《卍新纂续藏经》第六十五册。

㉔（清）迦陵性音编：《宗鉴法林》清康熙五十三年镌版，收于《卍续藏》第一一六册。

㉕（南宋）悟本等编：《禅学大城》，中华佛教文化馆影印，1969年；

㉖（朝鲜）僧天x编：《禅门宝藏录》，成书于元代世祖至元三十年（1293），刊行于明代世宗嘉靖十一年（1532），收于《卍续藏》第一一三册及《禅门撮要》卷下。

㉗（元）志明编：《禅苑蒙求瑶林》，又称《禅苑蒙求》、《禅苑瑶林》。元宪宗乙卯岁（1255），燕京大万寿德谏（无诤）注。收入《续藏经》第一四八册。

㉘（宋）僧祖琇编：《僧宝正续传》，宋代刊印，收于《卍续藏》第一三七册。

㉙（南宋）周密编：《齐东野语》，中华书局1983年出版。

㉚（明）潘游龙编：《笑禅录》，明代刊行。

㉛（北宋）澄諟编：《赵州从谂禅师语录》，南宋绍兴（1131—1162）年间刊行，收在《卍续藏》第一一八册，《嘉兴藏》（新文丰版）第二十四册。

㉜（元）善俊、智境、道泰编：《禅林类聚》，元大德八年（1307年）刊行；

㉝（宋）僧智昭集：《人天眼目》，收于《大正藏》第四十八册。

㉞陈继生编：《禅宗公案》，天津古籍出版2008年出版。

㉟（宋）契嵩编：《传法正宗记》，收于《大正藏》第五十一册。

㊱（北宋）子和：《宝觉祖心禅师语录》。

㊲（北宋）法深、福深：《云庵克文禅师语录》，收于《卍续藏》第一一八册。

㊳（北宋）楚圆撰、慧南重编：《石霜楚圆禅师语录》，又名《慈明和尚五会语录》《慈明和尚语录》。宋刻，收在《卍续藏》第一二〇册、《禅宗全书》第四十册。

㊴陈聿东编：《佛教文化百科》，天津人民出版社2005年出版。

㊵（宋）赞宁编：《宋高僧传》，中华书局1987年出版。

㊶（明）如惺编：《大明高僧传》，明万历四十五年（1617）刊印，收在《大正藏》第五十册。

㊷赵超编：《新编续补历代高僧传》，社会科学文献出版社2011年出版。

㊸吴言生编：《禅门公案》，陕西师大出版社1992年出版，台湾圆神出版社1993年出版；

㊹（清）释自融撰：《南宋元明僧宝传》，清初印本，收于《卍续藏》第一三七册。

㊺（南宋）道谦编：《宗门武库》，又称《大慧普觉禅师宗

门武库》《大慧宗门武库》《大慧武库》《杂毒海》。南宋成书，收在《大正藏》第四十七册、《禅宗全书》第三十二册。

㊻（宋）僧雪峰蕴闻辑：《大慧宗杲禅师语录选》，又称《大慧语录》《大慧录》。南宋孝宗乾道八年（1172）奉旨刊行，现收入《大正藏》第四十七册、《嘉兴藏》（新文丰版）第一册。

㊼（元）释觉岸编：《释氏稽古略》，收于《大正新修大藏经》第49册，（台）世桦出版社1994年出版。

㊽（明）释通容编：《五灯严统》，收于《卍续藏》第一三九册，（台）新文丰出版社1994年出版。

㊾（明）释净柱编：《五灯会元续略》，明代刊印，收于《卍续藏》第一三八册。

㊿（清）迈柱等监修：《湖广通志》，收于《钦定四库全书》史部第五一三册，上海古籍出版社1987年出版。

㈤¹（南宋）昙秀撰：《人天宝鉴》，宋理宗绍定年间（1228—1233）刻版。

㈤²（宋）释惠泉编：《黄龙南禅师语录》，简称《黄龙录》《黄龙语录》。收于《大正藏》第四十七册《禅宗全书》第四十一册。

㈤³（日）僧泽庵撰、愚拙译：《不动智神妙录》。

㈤⁴（宋）徐俯著：《东湖集》。

㈤⁵（南宋）宗杲、竹庵编：《禅门论语：禅林宝训心解》，国际文化出版社，2011年1月出版。

㈤⁶（明）圆信、郭凝之编：《五家语录》，《卍续藏》第六十九卷，白马精舍影印本。

㈤⁷（明）明河编：《补续高僧传》，《卍续藏》第七十七册，白马精舍影印本。

后　记

　　编写黄龙禅宗三书是我的夙愿，20 世纪 80 年代初我就游览过黄龙山、黄龙寺，还涂鸦过几篇文章，但其时尚未有编辑"黄龙三书"的想法。随着对黄龙山、黄龙寺、黄龙宗的逐步了解，特别是从 1988 年起，日本黄龙宗的弟子多次返祖探源、礼谒黄龙的事实，使我对黄龙的兴趣日益浓厚。也是从那时起，才开始有意识地收集、保存有关黄龙山、寺、宗的资料，从一首诗、一副联、一故事做起，且忧于黄龙宗的博大精深、源远流长，而囿于其书籍资料之短少奇缺，隐约之间有了编写书籍，以将黄龙展示全国推向世界的意向。但直到 2002 年首编《黄龙山风景与黄龙寺历史》一书时，这种意愿才逐渐清晰；而在 2004 年搜集、整理资料编写《黄龙山》的过程中，成书的冲动就愈益强烈。但当时的想法，只是编写《黄龙宗故事》与《黄龙宗禅诗》这两书，原因是我当时掌握的资料中，以黄龙故事传说和黄龙禅诗数量为多。

　　围绕这个目标、也可说梦想罢，从 2004 年起，我开始大量的查找、搜集、购买、复印、打印、借阅甚至抄写历史典籍、地方方志、寺庙灯谱、禅师语录、学术专著等中有关黄龙山、寺、宗的资料，真正到了"断碑残碣"无不细拓、"蠹简陈编"尽心穷研、"乡野谈唱"反复精琢的程度。其中最有趣也最辛酸的，是2009年在上海襄阳路的书店偷抄《南怀瑾选集》一事：原因是《南怀瑾选集》一套共10本，但不单本出售，而我仅需其中一卷约500文字，鉴于经济压力，我只好将需要的文字进行抄录，可能是交涉中给店员留下了印象，他们盯我特别紧，抄不了几十个字就被他们将书收走，几次反复后，我怕他们赶我出门，只好先强记一段话，合上书本到外面默写后又来强记，中间还要东翻翻西看看装装样子，如此写写记记、记记写写、对比复核，几百个字抄了近两个小时，但总算如愿以偿将要的内容抄到手了。

从2009年起，我开始编著《黄龙宗禅诗》与《黄龙宗故事》（更名另出）两书，说实话当时也只准备编这两本书的，只因为后来在编辑中找到的不少公案，虽然也属故事的范畴，也精彩绝伦、脍炙人口，但它突出的是禅性哲理、参悟机锋，其作用主要是对机开示、印证有无，收录故事里有点不熨帖、也有点不合体例，最主要的是不能充分反映黄龙禅宗的博大精深、机锋智慧，充分显示其险绝凌厉、机警风趣的禅风，因此就有了后来的《黄龙宗公案》。

而《黄龙宗简史》的产生说来有些复杂，主要原因有六：一是在漫长的编辑过程中，为了找寻资料、确定宗属、缕析师承、辨别真误等，我经常陷入纷繁复杂的汪洋文字大海中而不能自拔，禅宗经典著作每部动辄五六十万字，而且全是古文还夹杂着方言口语，原著又不断句，公案典故还多，读起来都十分困难，更不要说理解、翻译、查找和挑错了；二是禅宗著作数量多、体例不一、质量良莠不齐、收录时间跨度不一、分类标准随意；其三宗门典籍中大多数是按大鉴慧能几世收录，或按南岳与青原几世收录，很少是按宗派世系收录，这为后世查找分别宗派传承造成了巨大的困难；四是临济宗从八世一分为二，派衍出黄龙宗和杨岐宗，可是到临济十四世即大鉴慧能下十八世，又合二为一复称临济，所有传灯古籍，将黄龙杨岐的弟子统一混记在临济宗名下，这使得要将大江南北、近千年时光里、黄龙杨岐数以十万计的宗门弟子区分开来，成了几无可能之事；五是禅师称呼名号复杂，多的达六七个如洞山宝峰真净克文禅师，号云庵，又称归宗、石头。且简称全称法号赐号别号乱用，不是长期浸淫或专门研究者是很难搞清其师承派属的。如龙牙居遁、龙牙言、龙牙智才、龙牙宗密，简称都是龙牙，如果不是对典籍相当熟悉，是很容易出错的；六是所有我找见的宗门典籍中的禅师名号，除极个别外均与《黄龙崇恩禅寺传灯宗谱》和《临济正宗三敕黄龙始祖超慧演派堂上历代和尚位》上的禅师名号不同……以上之种种情由，客观上为后世研究、查找与了解黄龙宗史设置了巨大的障碍和难以逾越的关卡，造成后学进不去也难出来，鉴于此，为了方便人们查阅、了解、比照，尤其是为后人研讨黄龙宗从南宋末到如今的宗派源流、繁衍迁徙提供线索，以期能编辑出一部完全的黄龙宗宗派衍庆谱系，甚至于能将黄龙宗日本、朝鲜、韩国弟子的宗嗣源流、师承衍庆进行收录，编制一部《黄龙禅宗世界大同传灯宗谱》，也是可以期待的——这就是我斗胆编辑《黄龙宗简史》的初心。

在编辑三书的过程中得到了江西省委统战部、省民宗局、省社科院、省佛协、江西文化研究会、江西师范大学历史系、中国文化管理协会传统文化产业促进会、政协修水委员会、修水县委统战部、县文广局以及笔者工作的修水县财政局、国资局等单位的大力支持，得到了张勇、吴言生、朱法元、梅仕灿、欧阳镇、陈金凤、谌建荣、卢大友、林剑卫、胡卓、王彬、戴嵩青等专家的悉心指导，得到了养空法师、仁玉法师、心廉法师、惟白法师等的鼎力相助，又承张勇、陈金凤、戴嵩青、杨大枪赐予序言，还蒙王坤赞、胡小敏、胡红仁三位老师共撰写了二十首禅诗赏析，在此一并表示衷心的感谢！这里特别要提到的是陕西师范大学的吴言生教授，他在百忙之中不仅抽时间阅读拙作，点出其中不足之处、指明修改方向、提出整改意见，还就部分章节亲自操刀逐字逐句详加修改、批注、评说以为示例，更难能可贵的是还为后学写下总评，极尽褒奖、肯定，这对我是个非常大的鼓励。而江西师大的陈金凤教授则主动请缨，逐字为我订正全书并提出审读意见，在此对他们这种淡泊名利、铁肩道义、助人为乐的情操和精神再次表示感谢与敬意！

　　由于此书编写时间长、涉及范围广、费用开支大，二十余年来，采访、考证、搜集、购买资料等一切费用，一毫一厘全由家庭经济承担；撰写、编排、修改、校对等一切工作，一分一秒全赖业余时间完成，在此特别对支持、理解我的家人尤其是夫人钟玲雨、女儿戴中乙表示感谢；同时成书之年恰逢本人四十八周岁、女儿十二周岁，所以该书既是自己天命之岁的纪念，也是给予女儿一纪之年的礼物！

　　当然，由于年代久远、资料残缺，加上本人才疏学浅、涉猎不广、钻研不深、搜罗不全，本书必定存在诸多的不足与错讹，期盼广大读者批评指正！

戴逢红
丙申岁仲春于黄龙别院